Lothar Husemann

KRANE

Lothar Husemann

KRANE

KRANE Impressum

Einbandgestaltung: Katja Draenert

ISBN 3-613-02258-3

2. Auflage 2003

Copyright © by Motorbuch Verlag,
Postfach 103743, 70032 Stuttgart.
Ein Unternehmen der Paul Pietsch Verlage GmbH + Co.

Das Urheberrecht und sämtliche weiteren Rechte sind dem Verlag vorbehalten. Übersetzung, Speicherung, Vervielfältigung und Verbreitung einschließlich Übernahme in elektronische Medien wie Bildschirmtext, Internet usw. ist ohne vorherige schriftliche Genehmigung des Verlages unzulässig und strafbar.

Lektorat: Joachim Kuch
Innengestaltung: Marit Wolff
Reproduktion: digi bild reinhardt, 73037 Göppingen
Druck: Gulde Druck, 72072 Tübingen
Bindung: E. Riethmüller, 70839 Gerlingen
Printed in Germany

Inhalt

KRANE

Zu diesem Buch _____ **7**

Einleitung _____ **8**

Grundsätzliche Krantechnik – die Physik gilt für alle _____ 10

Seile – Das Flaschenzugprinzip 12
Winden – wohin mit dem Seil? 17
Ballastierung – damit der Kran nicht umfällt 18
Abstützung/Bodendruck –
damit der Kran nicht absackt 27
Das Drehwerk – Verbindung zwischen
Kran-Ober- und Unterteil 29
Tandemhub – zwei Krane händeln eine Last 31
Kransteuerung – näher am Job,
aber weg von der Gefahr 33

Turmdrehkran – Baustellenversorgung aus der Luft _____ 37

Die Technik eines Turmdrehkrans 40
Damit der Turmdrehkran nicht umkippt –
stabiles Fundament 43
Nun soll er aufgestellt werden 48
Ausführende Gewalt 52
Klettervorgang – ja, wie klettert der denn? 55
Safety first – wer sorgt für die Sicherheit? 57
Kranbauarten 60
Kranführeraufzug 74

Autokran – auch Gummikran genannt ____ 75

Unterwagen 75
Kran-Ahnen 76
Oberwagen 89
Drehkranz 90
Kranfahrerkabine 92

5

KRANE

Teleskopmast 97
Superlift 106
Gittermast 111
Hakenflasche 117
Bergekran 118

Raupenkran – er bringt seine Straße mit — 123

Das Laufwerk des Kettenfahrzeuges 126
Raupenkrane im Einsatz 128

Krane für alle Gelegenheiten — 140

Pedestal-Cranes – die Dame ohne Unterteil 141
Hafenmobilkran – Schwer mit den Schätzen
des Orients beladen 145
Schwimmkran – seit wann hat Wasser Balken? 151
CargoLifter und AirCrane – Unterstützung aus der Luft ... 155
Hubportal – macht hoch die Tür 157

Transport und Montage – es geht ein Kran auf Reisen — 163

Die Transport- und Begleitfahrzeuge 163
Gewusst wie – Kranmontage 166
Kraninstandsetzung – wo gehoben wird, fallen Krane 177

Glossar — 184

Danksagung — 188

Zu diesem Buch

Schon sehr früh machten sich die Menschen das Hebelgesetz und das Flaschenzugprinzip bei ihren Transportvorhaben zunutze, ohne von den Gesetzmäßigkeiten zu wissen. In Büchern und TV-Sendungen über die Pyramiden und die Baumeister kommt immer wieder die Frage: »Wie konnten solche Bauwerke mit primitiven Mitteln erstellt werden?« Hilfskräfte waren reichlich vorhanden. Holzbalken und Seile mussten dagegen erst angefertigt werden. Und Zeit war schon damals knapp, schließlich wollte der Pharao noch zu Lebzeiten sehen, wo er dereinst ruhen würde!

Es ist schon interessant, zu verfolgen, wie Leonardo da Vinci seine Vorstellungen von einem Hebegerät verwirklichte. Der Kran aus drei Kanthölzern (Dreibock) mit einer oder mehreren Rollen in der Spitze war bekannt. Nur drehen konnte man diesen Kran nicht. Dies wurde erst später durch den Versatz der Stützbeine in begrenztem Maße möglich. Von dem Dreibock der Frühzeit bis zum Mammoet-van Seumeren PTC ist ein weiter Weg, und auf diesem Weg führten viele kleine Stufen zum Erfolg.

Ein voll aufgerüsteter Kran ist ein faszinierender Anblick. Obwohl ich versucht habe, in der Szene möglichst viele eindruckvolle Fotos zu bekommen – es geht nichts über einen Kraneinsatz im Original. Auch wenn es kalt ist und regnet, Sie werden begeistert sein!

Ich hoffe, daß Ihnen das vorliegende Buch schon einen Vorgeschmack gibt!

Lothar Husemann

KRANE

Einleitung

Als die Bauplätze immer kleiner und die Zufahrten immer enger wurden, ging das große Rätselraten los: Wie konnten die Bauplätze beschickt werden, ohne einen Verkehrskollaps in weitem Umkreis zu verursachen? Die Baustellen-eigene Mischanlage war schon lange »aus der Mode« gekommen, weil es einfach nicht mehr möglich war, die Sand- und Kieszüge an der Mischanlage abkippen zu lassen. Aber auch die Transportmischer konnten immer weniger Fertigbeton bis in die letzte Ecke bringen.

Das Denkmodell vom Kran in der Mitte des Bauprojektes mit einem langen Kranarm, den man heben und senken konnte, nahm in vielen kleinen Stahlbaubetrieben Gestalt an. Der Schmied unseres kleinen Dorfes war ein kauziger älterer Herr, ein Tüftler. Bei ihm lernte ich als Zwölfjähriger, eine fehlerfreie Naht zu schweißen. Für das ortsansässige Bauunternehmen baute er den ersten Kran, zwar kein Turm-, aber doch ein Drehkran. Aus Lorenschienen, auch über diese Transportmöglichkeit war die Zeit hinweggegangen, baute er einen zerlegbaren Kreis. Ein Geviert von etwa fünf mal fünf Metern versah er an der Unterseite mit den Rollen der Kipploren. Die seitlichen Flansche an den Rollen sorgten für die Führung in dem Schienenkreis. In die Mitte des Gevierts setzte er einen aus Rohren geschweißten Fachwerkmast mit quadratischem Grundriss, etwa achtzig Zentimeter im Quadrat. Damit die Konstruktion bei Belastung nicht umkippte, wurden jede Menge Steine auf die Plattform gepackt (Zentralballast).

Im Kopf des Mastes wurde der ebenfalls in Fachwerkkonstruktion ausgeführte Kranarm gelagert. Obwohl der Mann nur über seine Volksschulkenntnisse verfügte, baute er diesen Kranarm so, dass trotz geringem Gewicht auf eine Länge von etwa acht Metern ein Korb Steine gehoben werden konnte. Gebaut wurde der Kranarm als, heute würde man sagen, Biegebalken. Vor dem Drehpunkt waren acht, hinter dem Drehpunkt zwei Meter. Wenn vorn am Kranarm ein Korb mit 50 kg Steinen hing, mussten hinten 200 kg ziehen.

Hier trat das erste Problem auf. Der Schmied hatte von einem der einen kannte, der einen kannte, eine ausrangierte Handwinde bekommen. Generalüberholt sah sie prächtig aus, auch das Seil war noch brauchbar. Allein, man benötigte zwei kräftige Männer an den Kurbeln, um die gewünschte Arbeit ausführen zu können.

Unter großer Anteilnahme der Dorfbevölkerung wurde der Kran vor der Schmiede abgebaut und an der vorgesehenen Baustelle wieder aufgebaut. Mehr oder weniger sachkundige Kommentare (wie im richtigen Leben) und eine Flasche Feuerwasser (wie im richtigen Leben, damals jedenfalls noch) begleiteten den Aufbau.

Das Baugelände war ideal für den ersten Kraneinsatz. Es lag direkt an einer breiten Zufahrtsstraße – leider durch einen kleinen Bach von dieser getrennt! Jeder Stein musste über den Bach gereicht werden. Man hätte eine befahrbare Brücke von der Straße ins Baugelände bauen können – bei dem Gelände eine kostenaufwändige Angelegenheit.

Hier schlug die große Stunde für den prächtigen Kran-Eigenbau. In einer kleinen Flussbiegung war der Untergrund fest. Hier baute der

Einleitung

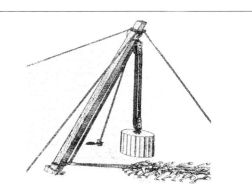

Römischer Einmastkran, durch Veränderung der seitlichen Abspannung ist eine begrenzte Schwenkbarkeit gegeben. (Skizze Potain)

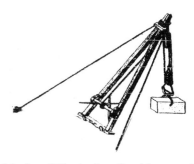

Griechischer/Römischer Bockkran mit Haspelantrieb, Flaschenzug und Steinzange. Durch die Abspannung kann die Mastneigung verändert werden. (Skizze Potain)

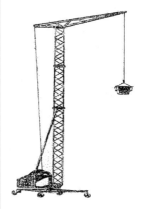

So ähnlich, nicht ganz so hoch, sah Schmied's Kran aus. (Skizze Potain)

Schmied seinen Schienenkreis auf, setzte die Rollen in den Kreis, montierte den Turm, packte die Steine (den Ballast) auf die Plattform und montierte den Kranarm. Am Kranhaken hing ein grob geschweißter Korb.

Unter großem Jubel der Bevölkerung nahm das Bauherrenpaar im Korb Platz, und der Schmied kurbelte sie unter Mithilfe seines Gesellen über den Bach auf ihr Grundstück. Für den Kurbeltrieb zum Heben und Senken des Kranarmes wurde bald ein Elektrogetriebemotor eingebaut. Das Schwenken des Kranes erfolgte aber doch lange per Handantrieb.

Ähnlich verlief die Entwicklung bei den Autokranen. Da die Lastkraftwagen der Nachkriegszeit von der Zuverlässigkeit her schon mal zu wünschen übrig ließen, verfügte jede Werkstatt über einen Abschleppwagen. War die Gelegenheit günstig, kam man zu einem kompletten Armeefahrzeug, aus damaliger Sicht mit einem Hitech-Hebekran. Hatte man kein Glück gehabt, wurde ein Lkw-Fahrgestell mit einem selbstgebauten Kran ausgerüstet. Doppel-T-Träger, Handwinde, Seil – fertig. Zwar keine Krönung der Ingenieurskunst, aber der Havarist konnte geschleppt werden.

Unter dem Druck, den Abschleppwagen rund um die Uhr einsetzen zu können, wurde der Kranarm verlängert und beweglich aufgehängt. Der ganze Kranaufbau konnte durch Handkurbelbetrieb auf dem Lkw-Fahrgestell gedreht werden. Na ja, es dauerte dann nicht mehr lange, bis aus der ersten Rohrleger-Raupe ein Raupenkran wurde.

KRANE

Grundsätzliche Krantechnik – die Physik gilt für alle

Hydraulik – Kraftübertragung durch Flüssigkeit

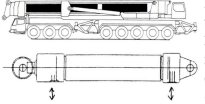

Die Hydraulik wird in allen Kranausführungen gleichermaßen eingesetzt, darum soll mit ihrer Erklärung begonnen werden.

In der griechischen Sprache gibt es das Wort »hydor«, es heißt »Wasser«. Heute versteht man unter dem Begriff »Hydraulik« die Übertragung und die Steuerung von Kräften und Bewegungen mittels Flüssigkeit.

Der einfachste Hydraulikaufbau nutzt zwei Zylinder, die durch Schläuche miteinander verbunden sind. Der Zylinder verfügt über zwei Anschlüsse, die Kolbenfläche und die Ringfläche. Die Kolbenfläche ist immer etwas größer als die Ringfläche, weil bei letzterer ja der Durchmesser der Kolbenstange fehlt. Somit kann über die Ringfläche immer nur eine kleinere Kraft wirksam werden als über die Kolbenfläche.

Diese einfache Hydraulikanlage kann Bewegungen übertragen, Bewegungsrichtungen können verändert werden.

Ringfläche mit Kolbenfläche verbunden: Beide Kolbenstangen fahren aus. Ringfläche mit Ringfläche verbunden: Eine Kolbenstange fährt aus, eine Kolbenstange fährt ein.

In dieser einfachen Kombination findet keine Kraftverstärkung statt, es kann nur soviel Kraft abgenommen werden, wie eingegeben wurde. Das nennt man das *Verdrängerprinzip*.

Soll aber eine Hydraulikanlage Arbeit leisten, muss ein Medium her, das Druck erzeugt, welcher dann über Steuerventile an die Zylinder geleitet wird. Das druckerzeugende Medium ist die Hydraulikpumpe. Die Pumpe – es gibt sie in unterschiedlichster Bauart – saugt Hydraulikflüssigkeit aus dem Vorratsbehälter an und presst sie mit hohem Druck in das Leitungssystem der Anlage. Angetrieben wird die Pumpe durch einen Elektromotor oder einen Verbrennungsmotor.

Die Hydraulikflüssigkeit fließt aus der Pumpe immer nur in eine Richtung. Zur Umkehrung der Fließrichtung und zur Dosierung des Ölstromes dienen die Steuerventile. Durch Verstellen eines Steuerschiebers im Ventilblock wird der Ölstrom der gewünschten Bewegung entsprechend gelenkt. Im Ventilblock z. B. für

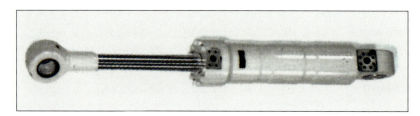

Doppeltwirkender Hydraulikzylinder (Foto Meiller)

Grundsätzliche Krantechnik – die Physik gilt für alle

einen Teleskopkran sind alle Steuerschieber griffgünstig zusammengefasst. Durch zwei Anschlüsse mit großem Durchmesser wird die Hydraulikflüssigkeit von der Pumpe kommend aufgenommen und, nach getaner Arbeit, wieder in den Vorratsbehälter zurückgeleitet.

Sind alle Steuerventile im Ventilblock geschlossen, wird der Ölstrom durch eine Bypassfunktion an den Ventilen vorbei (denken Sie an Ihr Herz!) durch den Steuerblock geleitet.

Von den Ventilen führen die Hochdruckschläuche zu den einzelnen Zylindern.

Neben dem doppeltwirkenden Zylinder (Kolbenfläche/Ringfläche) gibt es auch einfachwirkende Zylinder. Bei den Kranen kommen Mehrfachteleskopzylinder zum Einsatz.

Diese Zylinder haben nur eine Kolbenfläche, das ist der Abschluss des letzten Ausschubes. Beim Mehrfachteleskopzylinder schieben sich mehrere Ausschübe ineinander. Eine Ausschubhöhe von etwa zehn Metern erfordert eine eingeschobene Höhe von nur 1,80 m: Um also bei einer vorgegebenen Raumhöhe eine geforderte Ausschubhöhe zu erreichen, kommt es auf die Zahl der Ausschübe an. Während der doppeltwirkende Zylinder durch Umsteuerung des Ölstromes zusammengezogen wird, drückt die aufliegende Last den Mehrfachteleskopzylinder zusammen.

Überdies können die Bewegungen des Ölstromes nicht nur in eine Hin-/Her-Bewegung umgewandelt werden, sondern auch für die Erzeugung einer Drehbewegung genutzt werden. So kommen für endlose Drehbewegungen Hydraulikmotoren zum Einsatz. In einem solchen Hydraulikmotor versetzt, grob vereinfacht dargestellt, ein Turbinenradsystem eine Welle in Dre-

Hydraulikmotor am Antriebsrad einer Raupenkette (Foto Liebherr)

hung. Der Motor treibt somit eine oder mehrere entsprechend leistungsfähige Hydraulikpumpen an, er läuft dabei im Bereich seines besten Drehmomentes. Der erzeugte Druck wird für Antrieb und Betätigung der Arbeitszylinder abgenommen. Dieser Ölstrom kann dann durch Stellventile in Richtung und Intensität beeinflusst werden; jeder Hydromotor und jeder Hydraulikzylinder benötigt ein eigenes Stellventil. Auch in diesem Fall bleibt das hydraulische Grundprinzip erhalten: Eine Pumpe erzeugt Druck, ein Hydromotor/Zylinder nimmt den Druck auf, ein Stellventil regelt Richtung und Stärke.

KRANE

Seile – Das Flaschenzugprinzip

Das Seil stellt die Verbindung zwischen Kran und zu bewegender Last her. Nun ist Seil nicht gleich Seil, auch das üblicherweise verwendete Stahlseil nicht. Denn so vielfältig die Lasten sind, die von den verschiedenen Kranen bewegt werden müssen, so umfangreich sind auch die Forderungen, die an die Seilausrüstung gestellt werden.

Grundsätzlich gilt: Wie der Begriff »Stahldrahtseil« bereits nahe legt, besteht dieses aus einer Vielzahl von Stahldrähten. Die einzelnen Stahldrähte werden zu Litzen verarbeitet. Durch Verseilung (so heißt dieser Vorgang) mehrerer Litzen entsteht der Seilkern. Um den Seilkern werden die Außenlitzen geschlagen. Vor der Endverseilung wird hierzu in einem weiteren Arbeitsabschnitt durch ein spezielles Verfahren ein Kunststoffmantel auf den Seilkern aufgebracht. Sehr wichtig ist ausreichendes Schmiermittel im Seilkern. Einige Seilkonstruktionen weisen außerdem Kunststoffanteile auf, je nach Herstellungstechnik und Anbieter.

Um aber nun nicht zu tief in die Seilerei einzusteigen, sollten wir es hier bei einigen grundsätzlichen Anmerkungen belassen:

Seilarten

Drehungsfreie und nicht drehungsfreie Seile bezeichnen Seilarten. Deren Eigenschaften sind ausschlaggebend für die richtigen Einsätze: Ein Stahldrahtseil ist *drehungsfrei*, wenn das Seil unter Einwirkung einer ungeführten Last sich nicht oder kaum um die eigene Längsachse dreht, bzw. ein geringes Drehmoment auf die Endbefestigungen ausübt. Bei der Herstellung eines solchen Seiltyps hat man dem Seilkern eine entgegengesetzt gerichtete Schlagrichtung zur Schlagrichtung des Seiles gegeben: Bei Belastung entstehen somit zwei entgegengesetzt gerichtete Drehmomente. Begriffe wie Kreuzschlag, Gleichschlag, rechtsgängig und links-

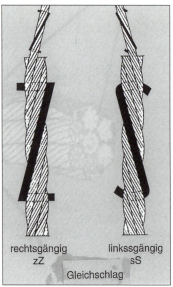

Grundbegriffe der Seilherstellungstechnik (Skizze Dietz)

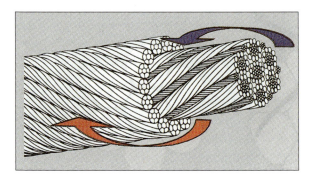

Entgegen gesetzte Drehmomente eines drehungsfreien Seiles. (Skizze Dietz)

Seile – Das Flaschenzugprinzip

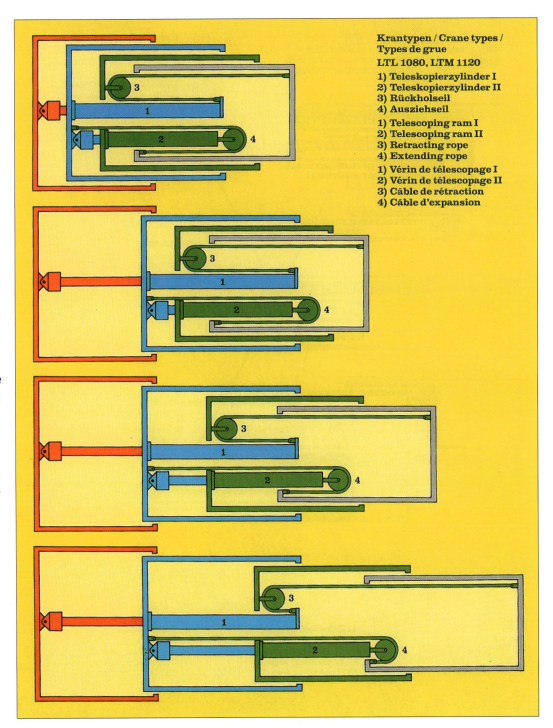

Krantypen / Crane types / Types de grue
LTL 1080, LTM 1120
1) Teleskopierzylinder I
2) Teleskopierzylinder II
3) Rückholseil
4) Ausziehseil
1) Telescoping ram I
2) Telescoping ram II
3) Retracting rope
4) Extending rope
1) Vérin de télescopage I
2) Vérin de télescopage II
3) Câble de rétraction
4) Câble d'expansion

Das dreistufige hydromechanische Teleskopiersystem mit Einfach-Flaschenzug: Bei diesem System wird das erste Teleskop durch den Hydraulikzylinder I aus-/eingefahren. Die Teleskope 2 und 3 werden synchron über den Hydraulikzylinder II in Verbindung mit einem Flaschenzugsystem über Seile aus-/eingefahren. (Grafik Liebherr)

Seile – Das Flaschenzugprinzip

Amerikanische Einscherung: Das Zugseil wird mittig zugeführt. (Foto Bergerhoff)

gängig bezeichnen übrigens Herstellungstechniken.

Drehungsfreie Seile müssen vorgesehen werden beim Heben einer ungeführten Last im Einstrangbetrieb und beim Heben einer ungeführten Last mit mehreren Seilsträngen und großen Hubhöhen.

Nichtdrehungsfrei sind Seile, bei denen Seilkern und Seil die gleiche Schlagrichtung aufweisen. Diese kommen zum Einsatz beim Heben von geführten Lasten, beim Heben von ungeführten Lasten mit mehreren Seilsträngen und kleinen Hubhöhen (z. B. Elektrozüge) sowie beim Heben von Lasten mit paarweisem Einsatz von rechts- und linksgängigen Seilen.

Natürlich müssen diese Hitech-Gewebe entsprechend behandelt werden. So darf bei der Seilmontage das Seil selbstverständlich nicht über kantige Teile der Krankonstruktion gezogen werden.

Bei der Montage, zum Ein- und Ausscheren der Unterflasche, ist

Linke Seite: Europäische Einscherung des Seiles im Rollenkopf: Das Zugseil kommt von einer Seite. (Foto Bergerhoff)

KRANE

Hier wird das Verstellseil für die Wippe beim Demag TC 3200 eingeschert. Auf den vorderen Rollen sehen Sie das Einziehseil. (Foto Bergerhoff)

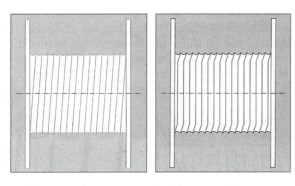

Seiltrommeln mit verschiedenen Rillungen. Links Normalrillung, rechts Lebusrillung (Skizze Dietz)

es vielfach notwendig, eine bestimmte Seillänge am Boden auszulegen. Logisch, dass keine Verdrehung in das Seil gelangen dürfen und das Seil nicht in Schlingen ausgelegt werden darf. Wird zum Einziehen des neuen Seiles das alte Seil verwendet, sollten beide Seile zwar gut, aber nicht starr verbunden werden. Ein möglicher Drall im alten Seil würde sich nämlich ansonsten auf das neue Seil übertragen. Das verbindende Seil zwischen alt und neu sollte also allen Drall aufnehmen können. Der Seileinbau für eine Mehrlagenwicklung muss beson-

Winden – wohin mit dem Seil?

ders sorgfältig erfolgen. Mehrlagenwicklung bedeutet, dass das Seil in mehreren Lagen übereinander auf die Seiltrommel gewickelt wird. Um die Wicklung besonders präzise und seilschonend vornehmen zu können, ist die Seiltrommel mit einer Rillung versehen (Normal-Typ oder Lebus-Typ). Die Mehrlagenwicklung mit Lebus-Rillung erlaubt deutlich längere Seilstandzeiten, was damit zusammenhängt, dass in der Mehrlagenwicklung die Querdruckkräfte zu einem besonders hohen Seilverschleiß führen – und das ist dank der Lebus-Wicklung eben nicht so.

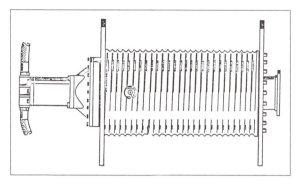

Winden – wohin mit dem Seil?

Die Kraft zur Bewegung der Last muss irgendwie auf das Seil übertragen werden. Abgesehen von den Greifzügen, wo das Seil von einem Greifer bewegt, aber nicht aufgewickelt wird, ist das die Sache von Winden. Diese bewegen das Seil durch den Auf-/Abwickelvorgang. Die Seiltrommeln der Winden werden durch Hydromotoren bewegt. Die Fläche der Seiltrommel ist mit einer Rillung belegt. Das mit Klammern an der Trommel befestigte Seil legt sich in diese Rillung. So ist ein kraftschlüssiger Aufwickelvorgang in mehreren Lagen möglich. Wichtig ist, dass beim

Rechts oben: Seiltrommel mit Normalrillung. Links der Hydromotor. (Skizze Demag)

Rechts: Hubwerk vom Liebherr LTM 1300-1. Die kleine Winde bewegt das Einziehseil bei Neueinscherung. (Foto Steckemetz)

KRANE

erstmaligen Aufspulen eine Vorspannung für das gleichmäßige Auflegen sorgt. Liegt das Seil nicht fest auf der Trommel, bilden sich im Einsatz Schlaufen, ein feinfühliges Heben und Senken ist nicht mehr möglich.

Ballastierung – damit der Kran nicht umfällt.

Das Hebelgesetz lautet: Last x Lastarm = Kraft x Kraftarm. Will sagen: Das, was vor dem Drehpunkt angehängt wird, muss hinter dem Drehpunkt ausgeglichen werden, sonst kippt der Kran um. Umkippen bedeutet, dass der Schwerpunkt des Kranes außerhalb der Unterstützungsfläche liegt. Die Abstützungsbeine des Kranes bilden seine Unterstützungsfläche; im Idealfall liegt der Schwerpunkt im Mittelpunkt des Krandrehpunktes. Beispiel: Wenn eine Eintonnen-Last 50 Meter vom Drehpunkt entfernt ist, müssen für den Ausgleich bei fünf Metern Abstand zehn Tonnen angehängt werden. Bei dieses Ausgleichsgewichten wird in Zentralballast, Drehbühnenballast und Schwebeballast unterschieden.

Der *Zentralballast* wird um den Drehpunkt des Kranes angeordnet, um den Kran zu stabili-

Ballastierungsbeispiel: 45 m/80 to/220 to Derrickballast. Liebherr LGD 1800. (Foto Schulte)

Ballastierung – damit der Kran nicht umfällt

Da lehnt sich jemand weit aus dem Fenster: Gottwald AK 450 bei der Demontage einer Eisenbahnbrücke in Mannheim. (Foto Bracht)

sieren. Oftmals reichen schon die Winden mit dem aufgelegten Seil. Der *Drehbühnenballast* wird am äußersten hinteren Ende der Drehbühne aufgelegt.

Hier findet ein echter Gewichtsausgleich statt. Der Abstand zwischen Drehpunkt und Drehbühnenende sollte möglichst groß sein, um in der Metertonnen-Formel (m x to = Länge Kranarm x Gewicht) den Kraftarm groß und die Kraft klein werden zu lassen. Der *Schwebeballast* befindet sich jwd (janz weit draußen) hinter dem Drehbühnenballast. Am Derrick-Ausleger hängend, schwebt er hinten am Kran. Ab einer bestimmten Gewichtsgröße stellt das Schwebeballastpaket ein Sicherheitsrisiko beim Drehen des Kranes dar. Man versucht, für den

KRANE

Spektakuläre Einsätze

Ein Paradebeispiel für Ballastierung: Zum Ausgleich des 45 Meter langen Hebelarmes mussten für den Ausgleich 220 Tonnen Superliftballast angeschlagen werden.

Paradebeispiel für Ballastierung. (Foto Schulte)

Kranhub das Paket auf dem Boden abzusetzen. Das ist etwa so, als ob jemand einen Pflock in die Erde schlagen würde, um ihn als Lastankerpunkt zu nutzen.

Die nahezu ideale Lösung bildet der über ein Teleskoprohr mit der Drehbühne verbundene Ballastwagen. Das Ballastpaket ist fest mit dem Ballastwagen verbunden, kann also nicht schwingen. Das Teleskoprohr verlängert die Strecke Drehpunkt-Ballastpaket wesentlich. Daher kann die Metertonnenlast vorn noch einmal kräftig erhöht werden. Und, ganz wichtig: Über die feste Verbindung mit der Drehbühne ist der Ballast immer so dabei, wie man ihn benötigt. Wird vorn der Gittermast gesenkt beziehungsweise die Wippspitze ausgefahren, verändert

Ballastierung – damit der Kran nicht umfällt

Oben: Erklärung einiger ballastspezifischer Begriffe. (Foto Liebherr)

Anordnung des Zentralballastes bei einem Liebherr-Turmdrehkran. (Foto Liebherr)

KRANE

Spektakuläre Einsätze

Was die Welt funkt, hör mit dem Südwestfunk, oder so ähnlich. Damit das auch funktioniert, wurde bei Bad Mergentheim ein 178 Meter hoher Sendeturm errichtet. Der Unterbau wurde nicht in der bei Windkraftanlagen üblichen Rohr-auf-Rohr-Bauweise, sondern aus Stahlbeton im Gleitschalverfahren hergestellt. Mit Schwerlastausleger, Wippspitze und Derrickausleger wurde gehoben. 160 Tonnen Drehbühnenballast sorgten für Standsicherheit.

Der »Spacelifter« Liebherr LGD 1800 setzt dem Sendeturm das letzte Stück auf. (Foto Riga-Eisele)

sich hinten, dank des Telekoprohrs, der Abstand zwischen Drehpunkt und Ballastwagen. Na ja, ein Pfündchen Ballast kann auch noch aufgelegt werden.

Theoretisch könnte man dieses Spielchen mit Hebelarmverlängerung und Lasterhöhung so lange fortführen, bis der Kran im Boden versunken ist.

Ballastierung – damit der Kran nicht umfällt

Spektakuläre Einsätze

Nachdem der Unterbau der Senf- und Getreidemühle in Oldenburg erneuert worden und der Mühlenkörper und der Drehkopf restauriert worden war, konnte der Zusammenbau erfolgen. Es war, mal wieder, eine enge Begebenheit! Der Liebherr LG 1550 der Firma Ulferts & Wittrock mußte auf einer viel befahrenen Straße bei fließendem Verkehr aufgerüstet werden. Der Hauptausleger mit Schwerlastnase war 56 Meter lang, 108 Tonnen Kontergewicht sorgten für die passende Ballastierung. Zuerst kam der Mühlenkörper auf das Fundament, dann wurde dem Mühlenkörper der Drehkopf mit der Lagerung für die Windmühlenflügel und dem Antriebsrad für die Mahlsteine aufgesetzt. Bei der Senfmühle war die Windkraft direkt für den Antrieb der Mahlsteine zuständig, es gab keine Möglichkeit, die Kraft irgendwo zu puffern. Kein Wind, kein Senf! Bei den modernen Windmühlen, den Windkraftanlagen, kann der im Maschinenkopf erzeugte Strom in einem Akkublock zwischengelagert werden. Da die Standorte der Windparks aber so gewählt wurden, dass immer ein Lüftchen weht, geht auch so schnell das Licht nicht aus.

Drehbühnenballast beim Mammoet PTC. (Foto Mammoet)

Mit Unterstützung der Superlifteinrichtung wird der Drehbühnenballast aufgelegt. (Foto Goll)

Unten: Der abgestützte Demag AC 1600 wird mit Ballastplatten belegt. (Foto Goll)

Oben: Durch das teleskopierbare Führungsrohr folgt der Ballastwagen den Drehbewegungen des Raupenkranes Liebherr LR 1400-1 nach. (Foto Liebherr)

Rechts: Beim Belastungstest des Liebherr LR 11200 wird der angehobene Ballastwagen zum Schwebeballast. (Foto Liebherr)

KRANE

Spektakuläre Einsätze

Das Schneidrad der Tunnelbohrmaschine, die die Röhren des Weserauen-Tunnels hergestellt hatte, musste nach Beendigung der Arbeiten nach Lübeck transportiert werden. Das sollte mit einem Ponton geschehen und war sicher der leichtere Teil des Transportes. Der Transport vom Tunnelende zur Weser, durch kleine Dörfer, war nicht immer einfach. Vor der letzten Dorfdurchfahrt musste der Liebherr LTM 1800 von Thömen das Schneidrad mit seiner Halterung senkrecht stellen.
Die vierte Elbtunnelröhre ist seit Herbst 2002 in Betrieb. TRUDE, die Tunnelbohrmaschine des Herstellers Herrenknecht ist zwischenzeitlich schon in Moskau im Einsatz (wo ja schon immer Leute im Untergrund wühlten). Das Schneidrad von TRUDE, das Teil, welches sich über einen langen Zeitraum unter der Elbe durcharbeitete, ist das zweitschwerste Einzelteil der Tunnelbohrmaschine. Der entsprechend aufgerüstete Liebherr LG 1550 hob es aus dem 30 Meter tiefen Abschlussschacht. 136 Tonnen und rund 14 Meter Durchmesser hingen am Haken. 200 Tonnen Drehbühnenballast und 140 Tonnen Schwebeballast sorgten für das Gleichgewicht.

Unten: TRUDE's Schneidrad wird aus dem Endschacht geholt. (Foto Bublitz)

Das Schneidrad wird hochkant gestellt. (Foto Bublitz)

Abstützung/Bodendruck – damit der Kran nicht absackt

Abstützung/Bodendruck – damit der Kran nicht absackt.

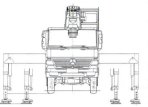

Und wieder muss die Unterstützungsfläche vergrößert werden, diesmal die Aufstandsfläche unter den Kranabstützungen. Das Kranfahrgestell wird nicht zur Abstützung herangezogen, es ist lediglich für den Transport des Kranes erforderlich und hängt während der Arbeit frei über dem Boden.

Einen sicheren Stand erhält der Kran nicht nur durch eine große Fläche, die aus den Ab-

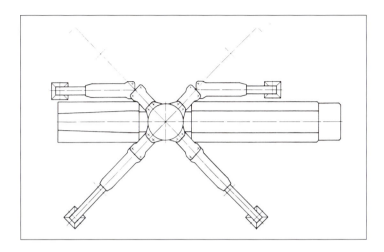

Kranabstützung eines Gottwald-Autokranes. Zwei Stützbeine sind eingeklappt. (Skizze Gottwald)

stützungsholmen gebildet wird. Das Maß aller Dinge ist die Fläche unter den Abstützungsfüßen. Ein Rundmaterial von drei Millimetern Durchmesser können Sie ganz einfach in den Boden drücken. Eine Stabilisierungsplatte von 50 Quadratzentimetern kann schon einen gewaltigen Druck auf den Boden übertragen, ohne einzusinken. Um kein Risiko einzugehen, wird bei diffizilen Böden eine größere Abstützfläche aus Kanthölzern oder Schwellen aufgebaut. Raupenkrane haben dagegen selten, zusätzlich zu den Laufwerken, weitere Abstützungen. Beim Kapiteln mit den Raupenkranen werden wir noch darauf zu sprechen kommen.

Links: Die Abstützungen sind ausgefahren worden, die Stützbeine ebenfalls. Über die Nivellierautomatik wird der Kran waagerecht gestellt. (Foto Liebherr)

KRANE

Abstützungen für Demag TC 2800. (Foto Steckemetz)

Unten: Hier zeigt der Demag AC 650, auf welch' großem Fuß er steht! Wegen des nicht ganz sicheren Bodens sind große Unterstützungsplatten ausgelegt. (Foto Schulte)

Das Drehwerk – Verbindung zwischen Kran-Ober- und Unterteil

Abstützungen am TC 2800 angebaut und ausgefahren, Gittermast hochgezogen. (Foto Steckemetz)

Das Drehwerk – Verbindung zwischen Kran-Ober- und Unterteil.

Ob Turmdrehkran, Autokran, Bagger – immer geht es um eine drehbare Verbindung zwischen Kranober- und Unterteil. Diese Verbindung ist nicht nur für das Drehen zuständig, sie überträgt auch das Gewicht des Oberteils auf das Kranunterteil. Bei Schwerstkranen dient das Drehteil nur noch zur Zentrierung, das Gewicht stützt sich auf einer kreisförmigen Rollenbahn ab.

Drehkranz und außen liegendes Ritzel des Drehmotors. (Foto Steckemetz)

KRANE

Spektakuläre Einsätze

Es begab sich in einer kalten Winternacht, dass ein Strommast der Überlandleitung nach einem Sturmschaden abzuknicken drohte. Strommasten dieser Art stehen selten auf betonierten Flächen! Gut, dass der Boden frosthart war und so das Bracht-Team ohne Unterlegplatten den Mast erreichen konnte. Als ich einem Freund das Tross-Foto zeigte, meinte er: »Klar, die ersten drei Fahrzeuge gehören zum Kran, der Rest sind Schaulustige!« Dem war nicht so! Alle Fahrzeuge waren mit Zubehör für den Gittermastkran Gottwald AK 450 beladen.

Große Anforderungen werden an die Drehwerke bei den Antrieben gestellt. Durch die langen Hebelarme ist eine große Masse in Bewegung, die wohl dosiert angefahren und wieder abgebremst werden will.

Tandemhub – Zwei Kräne händeln eine Last

Tandemhub – zwei Krane händeln eine Last.

Beim Tandemhub ist eine Last an zwei Kranen angeschlagen. Zwei Krane können erforderlich sein, wenn die Last während des Hubes in der Luft gedreht werden soll. Typisches Beispiel ist dafür das Aufrichten bzw. Umlegen von Kolonnen. Weiterhin wird der Tandemhub bei nicht zu drehenden Lasten angewendet, wenn aus logistischen und Platzgründen anstatt eines großen Kranes zwei kleinere Krane eingesetzt werden. Wer sich über die vielfältigen Probleme des Tandemhubs genauer informieren möchte, der sei auf den Bericht von Herrn Dipl.-Ing. Mar-

Tridemhub. Drei Krane heben die Querverbindung in einen Portalkran ein. (Foto Bergerhoff)

Oben: In einen Kühlturm wird eine 100 to schwere Röhre eingehoben. (Foto Bergerhoff)

Spektakuläre Einsätze

In einem Kraftwerksneubau ist ein Speisewasserbehälter als Rohteil einzubauen. Das Teil ist 98 Tonnen schwer. Die Firma Bracht rückt zu diesem Tandemhub mit zwei Kranen an: Demag AC 1600 (500 Tonnen), 50 Meter Hauptmast und 8 Meter fester Gittermastspitze. Der andere Kran ein Demag AC 650 mit 60 Meter Hauptmast. Beide Krane mit Superlift.

Im Tandemhub zu bewältigen – und da muss er hin! (Foto Schulte)

tin Weiskopf im KRAN-Magazin 3/2000 verwiesen, dem die Skizzen dieser Abhandlung mit freundlicher Genehmigung des Verfassers entnommen wurden.

Kransteuerung – näher am Job, aber weg von der Gefahr.

Wie im richtigen Leben steht irgendwo jemand, der die Befehle erteilt. Die Befehlsempfänger sind Krane, Baumaschinen, Ladehilfen, und die Übermittler elektronische Meldegänger.

Funkfernsteuerungen
Als LKW-Modellbauer gehört für mich die Funkfernsteuerung mit ihren vielen Möglichkeiten zum Handwerkszeug wie Drehbank und Bohrmaschine.

Ich bin kein Elektroniker, trotzdem will ich versuchen, die grundsätzliche Funktion zu erklären: Ein Sender strahlt Schwingungen ab, die vom Empfänger aufgenommen werden. Ein am Empfängerausgang geschalteter Verstärker verändert die ankommenden Schwingungen so, dass damit ein elektrischer Schalter (Relais) bewegt werden kann. Das Relais kann starke Ströme schalten, um z. B. einen Hubmagneten anzusteuern. Wird vom Sender ein Impuls gesandt, öffnet der Hubmagnet das Schloss an der Tür zur Dixi-Toilette (als Beispiel). Das war die Funktion, in Wirklichkeit ist die Sache etwas komplizierter: Hubmagneten allein können nicht besonders viel Funktionen ausführen. Dazu kommt die Schwierigkeit, mehrere Krane auf einer Baustelle funktechnisch auseinander zu halten.

Jeder Kran hat eine bestimmte Arbeitsfrequenz. Diese Frequenz wird z. B. durch je einen Quarz im Sender und Empfänger festgelegt. So reagiert der Kranempfänger nur auf die Befehle seines Senders.

Nun müssen die Arbeitsbefehle möglichst einfach (auch mit Handschuhen) in den Sender eingegeben und im Empfänger auseinander sortiert und weitergeleitet werden.

Der Befehl »Last heben« wird am Sender durch Ziehen des rechten Steuerknüppels nach hinten ausgelöst und nach elektronischer Kennzeichnung auf die Reise geschickt. Im Empfänger wird die elektronische Kennzeichnung entschlüsselt und an die dazu gehörende Ausgangselektronik geleitet. Die Ausgangselektronik steuert einen elektronisch gesteuerten Drehzahlregler an, der zum Beispiel den Windenmotor in die richtige Drehrichtung bringt, um das Seil aufzuwickeln und die Last zu heben.

Der Vorgang des Lasthebens läuft nicht mit konstanter Geschwindigkeit ab, die Wickelgeschwindigkeit der Seiltrommel muss regelbar sein. Je nach Wegstellung des Steuerknüppels läuft die Winde schnell oder langsam, der Befehl ist proportional.

Während des Lasthebens soll, weil's mal wieder pressiert, der Kran schon in Richtung Abladepunkt drehen. Auch der Drehantrieb ist regelbar, wird also proportional angesteuert. Und weil das alles zur gleichen Zeit abläuft, nennt heißt das simultan.

Nun kommt es auf die bedienerfreundliche Eingabe der Befehle am Sender an. Bei kleineren Kranen mit wenigen Funktionen werden die Befehle über Taster eingegeben. So lange der Taster »Last heben« gedrückt bleibt, wickelt die Winde auf. Lässt der Bediener die Taste los,

KRANE

Einer, der nicht nur Firmen lenken kann, sondern auch Krane und Schwerlastzüge: Uwe Langer, Geschäftsführer von Riga-Mainz. Hier steuert er zwei selbstfahrende Tieflader mit einem 450 Tonnen schweren Reaktor. Sein Steuerpult ist über ein Kabel mit den Fahrzeugen verbunden. Eine Funkfernsteuerung wäre aber möglich. (Foto Ralf Willi Wilhelm)

wird die Funktion unterbrochen. Der Taster »Last senken« lässt die Trommel rückwärts laufen.

Sind Proportional- und Tipp-Befehle zu geben, bekommt der Sender eine entsprechend gestaltete Frontplatte. Für die Proportionalbefehle hat jede Hand einen Steuerknüppel mit vier Richtungsfunktionen. Die Steuerknüppel bewegen sich nach dem Loslassen in Mittelstellung zurück. Die Taster oder Drehmodule für Sonderfunktionen befinden sich oftmals griffgünstig in den Köpfen der Steuerknüppel. Nicht so oft benötigte Schalter wie »Scheinwerfer ein« oder »Horn« sind um die Steuerknüppel gruppiert. Frei zugänglich ist der Schlagschalter für »Not-Halt« in der Mitte der Frontplatte oder außen am Gehäuse.

Kranbedienung, ob aus der Kabine oder vom Sender aus, ist etwa so wie Schreibmaschine schreiben. Die Buchstabenkombinationen fließen in die Finger, da muss man nicht mehr hinschauen. Darum sollten die Funktionen, die in der Kabine mit der rechten Hand ausgeführt werden, auch beim Sender tunlichst auf dem rechten Steuerknüppel liegen.

Bestes Beispiel sind die Sender für ferngesteuerte LKW-Ladekrane. Sechs Linearhebel (Steuerknüppel) sind genau so angeordnet wie die Bedienerhebel am Kran, so sind keine Missgriffe möglich.

Freundliche Beigabe, wenn gewünscht, ist die Rückmeldung wichtiger Befehle. Es können aber auch Störungen im Betriebsablauf durch

Sender mit Steuerknüppeln für feinfühliges Steuern. Vorn der Schlagschalter »Not-aus«. (Foto HBF radiomatic)

Kransteuerung – näher am Job, aber weg von der Gefahr

LEDs gemeldet werden. Auf einem LCD (Mäusekino) kann etwa die Hakenhöhe, die Last oder die Windgeschwindigkeit abgelesen werden.

Und weil niemand zwei Herren dienen kann, gibt es als Option eine Schaltung »Freigabe/Übernahme«. So kann ein Kran mit zwei Sendern bedient werden, sofern es die Einsatzverhältnisse erfordern. Der zweite Sender kann erst »Übernahme« schalten, wenn der erste Sender »Freigabe« signalisiert hat – wie in unserem Beispiel: Auf einer großen Brückenbaustelle steht auf einem Brückenbogenteilstück der letzte verbliebene Turmdrehkran. Er ist für das Abräumen der Baustelle unbedingt erforderlich. Der Räumtrupp hängt die Last an und steuert den Kran so, dass er über das Tal schwenkt. Dann schalten sie auf »Freigabe«. Der Aufladetrupp jenseits des Tales hatte schon auf »Übernahme« geschaltet. Jetzt klickt es, die Last kann auf die LKW verladen werden. Der Kran wird zurückgeschickt.

Das punktgenaue Aufsetzen eines Silos geht andererseits viel feinfühliger, wenn man den Behälter während des Absenkens mit Muskelkraft etwas bewegen kann. Das ist schwierig aus der Krankabine und wird durch eine Krankamera nicht besser.

Kameraüberwachung

Bei der Beschäftigung mit den Hafenmobilkranen wurde ich auf die Krankameras aufmerksam. An der Auslegerspitze montiert und mit einer Selbstjustierung ausgestattet, gestatten sie dem Kranführer den wichtigen Blick in den Laderaum oder hinter gestapelte Container. Die Datenübertragung geschah per Kabel.

Auf einer großen Baustelle in den Niederlanden lernte ich die modernere Version kennen.

Das Prinzip »Freigabe/Übernahme«.
(Foto HBF radiomatic)

Die Kamera war an der Laufkatze eines Turmdrehkranes befestigt, die Daten wurden per Funk übertragen.

Nachdem man mich mit dem Kranführeraufzug nach oben befördert hatte, konnte ich in der Fahrerkabine die Arbeiten des Kranfahrers verfolgen, der seinen Kran per Funk steuerte. Der Ausleger befand sich etwa 30 Meter über der Erde. Ich war erstaunt über das Super-Bild! Später sagte mir der Kranfahrer, dass ihm die Kamera sehr bei seiner Arbeit helfe und die große Anspannung nehme.

Die Baustelle war ein alter Fabrikkomplex, an den im Laufe der Jahre immer wieder etwas

KRANE

angebaut worden war – hier noch eine Hütte und da noch eine Garage. Durch die Torbogeneinfahrten konnte Baumaterial nur mit der Schiebkarre angeliefert werden oder eben unter Einsatz eines sehr großen Turmdrehkranes.

Sehr bald »fluppte« die Arbeit. Anhand der zwischenzeitlich gefundenen Zeichnung der Anlage in Verbindung mit der Krankamera war eine rasche Belieferung möglich.

Erstaunt war ich über die Bildqualität, wenn die Laufkatze den Ausleger entlangsauste! Es ergaben sich tolle Einblicke in den verschachtelten Komplex.

Ich habe mich gewundert, dass ich bei meinen Baustellenbesuchen in Deutschland so wenig Kameras gesehen habe. Die niederländischen Kranfahrer machten, auch in kniffligen Situationen, einen lockeren Eindruck. Diese Gelöstheit macht sich doch zwangsläufig bei der Arbeitsqualität bemerkbar, oder?

Vielleicht werden ja diese Kamerasysteme auch mal in Deutschland vertrieben!?

Turmdrehkran – Baustellenversorgung aus der Luft.

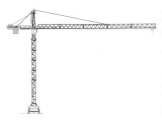

In die moderne Krantechnik übertragen, war der Kran, den der Schmied meines Heimatortes gebaut hatte, ein Turmdrehkran, ausgebildet als Untendreher. Untendreher deshalb, weil der Turm die Drehbewegung mitmachte. Der Kranarm war als Biegebalken ausgebildet, ohne Turmspitze für die Abspannung.

Mit den Lorenschienen für das Drehlager war Schmied seiner Zeit weit voraus. Allerdings nicht im Einsatz für Turmdrehkrane, sondern bei den Auto- und Raupenkranen. Die Tüftler, wie der Schmied, waren nur die Ideengeber. Schnell beschäftigten sich die Großen der Stahlbaubranche mit ihren vielfältigen personellen und maschinellen Möglichkeiten mit dem Zu-

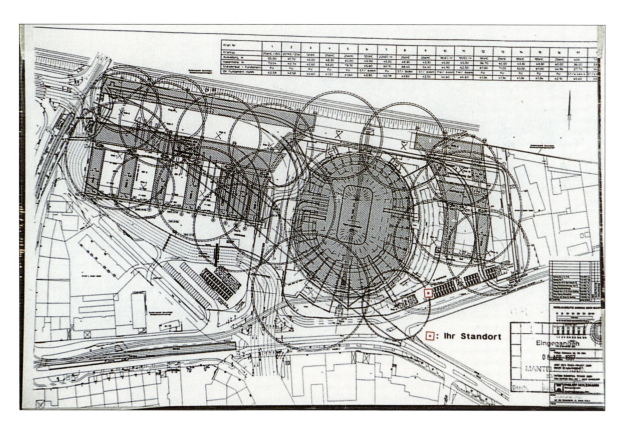

Zur Entwirrung im Turmdrehkranwald ist sorgfältige Planung erforderlich. Hier sehen Sie, wie 21 Krane beim Bau der »Köln-Arena« zusammen gearbeitet haben. (Foto Bergerhoff)

KRANE

Turmdrehkran – Baustellenversorgung aus der Luft

kunftsprojekt Turmdrehkran. Des Schmiedes Bauart mit dem beweglichen Kranarm für die Lastaufnahme verschwand bald in der Versenkung, um später, verändert, wieder aufzutauchen.

Der Kranarm war zunächst durchweg unbeweglich. Die Lastaufnahme und -Abgabe erfolgte über eine Laufkatze, deren Seilsteuerung sowohl die Last aufnahm als auch die Laufkatze hin- und herbewegte.

Bei einer Kranarmlänge von z. B. etwa 20 Metern war es möglich, eine Fläche von 40 Metern im Durchmesser zu bestreichen und mit Material zu beschicken.

Die Zulieferfahrzeuge konnten auf festem Untergrund am Rande der Baustelle entladen werden, ein teurer Allradantrieb war nicht mehr unbedingt erforderlich. Es fuhr sich kein Fahrzeug mehr fest, ein schon fast fabrikmäßiger Ablauf war die Folge. Das Problem bildete die große Anzahl von Turmdrehkranen auf einer Großbaustelle. Damit sie sich nicht gegenseitig störten, mussten die Drehkreise genau abgestimmt und die Versorgungslücken in der Fläche durch extrem flach bauende Krane ausgefüllt werden.

Neubau Flugplatz Wickede. Die Höhenbegrenzung fordert den Einsatz von Topless-Kranen. (Foto Liebherr)

KRANE

Die Technik eines Turmdrehkrans

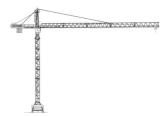

Das Baugelände beherrschend, kann ein Turmdrehkan alle Hindernisse überstreichen. Er beansprucht ein Minimum an Standfläche – ein großer Vorteil auf beengten und verwinkelten Baustellen.

Die Skizze verdeutlicht den grundsätzlichen Aufbau eines obendrehenden Turmdrehkranes. Obendrehend besagt, dass der Mast fest auf seinem Fundament ruht. Auf dem Mast liegt, drehbar, das Kranoberteil, bestehend auch Drehkranz, Kabine, Ausleger und Gegenausleger. Durch die am Turm angeschlagenen Zugstreben werden Ausleger und Gegenausleger waagerecht gehalten. Der Ballast auf dem Gegenausleger stabilisiert das Kranoberteil. Das Auslegerelement ist die Kranbahn für die Laufkatze. Die Laufkatze, über einen Seilzug hin und her bewegt, dient als Umlenkpunkt für das Lastseil. Durch die Verschiebung des Umlenkpunktes verändert sich der Durchmesser der Kreisfläche, in der die Last abgesetzt oder aufgenommen werden kann.

Dreht sich der Mast, um das Kranoberteil zu bewegen, spricht man vom Untendreher. Der Grundmast ist drehbar auf dem Fundament gelagert. Wegen der gewaltigen Massekräfte, die beim Untendreher auftreten können, wird diese Kranbauart hauptsächlich bei den Kranen für die kleinere Baustelle eingesetzt.

Der Aufbau der Gittermaststücke ist bei den einzelnen Kran-

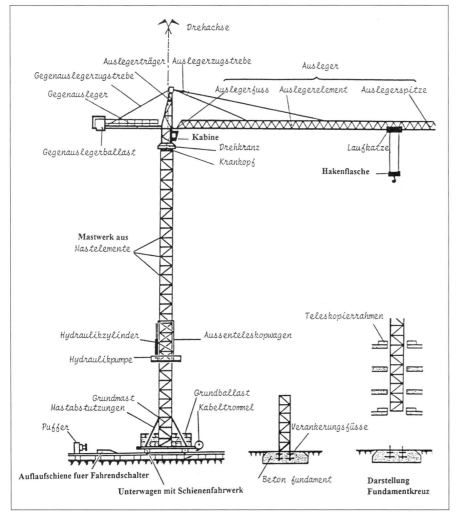

Die Skizze zeigt einen obendrehenden Turmdrehkran. (Skizze Potain)

Sie sehen den Aufbau eines untendrehenden Turmdrehkranes. (Skizze Potain)

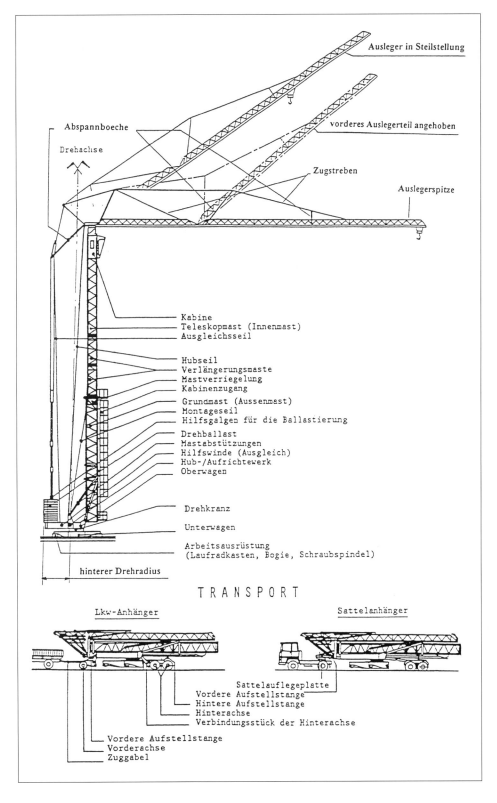

KRANE

herstellern unterschiedlich. Verwendete man zuerst Konstruktionen aus Winkelprofilen, so wurden bei Liebherr sehr bald dichtgeschweißte Vierkantrohre aus maschinell geschweißten Winkelprofilen verbaut. Bei den Krantürmen bis zu 280 mt werden die Gittermaststöße mit angeschweißten Gussstücken verschraubt. Bei den größeren Türmen kommen Steckverbindungen mit Bolzen und Konushülsen zum Einsatz.

Spektakuläre Einsätze

Ein 110 Meter hoher Turmdrehkran musste beim Abbau durch einen Liebherr LG 1550 »Spacelifter« unterstützt werden. Der 63 Meter Hauptausleger wurde durch die 84 Meter wippbare Gitterspitze verlängert. Um das schwerste Einzelteil des Baukrans, den 50 Meter langen und 27 Tonnen schweren Hauptausleger bei über 80 Meter Ausladung demontieren zu können, arbeitete der »Spacelifter« zusätzlich mit 31,5 Meter langem Derrickausleger und 200 Tonnen Schwebeballast.

Durch die Verwendung des Derricksystems erfährt der LGD 1800 je nach Ausrüstung eine Traglaststeigerung um bis zu 260 Prozent! (Foto Schmidbauer)

Damit der Turmdrehkran nicht umkippt – stabiles Fundament.

Ob Oben- oder Untendreher, beide stehen oder fallen (in des Wortes wahrster Bedeutung) mit der Auslegung des Fundamentes. Die geringe Standfläche (der Schwerpunkt muss innerhalb der Unterstützungsfläche bleiben), erfordert eine massive Verankerung im oder mit dem Boden.

Der Kranturm wird auf einem Fundamentkreuz montiert, welches sich auf vier Betonblöcke abstützt, die den Eckdruck auf den Boden verteilen. Das Fundamentkreuz lässt sich auf jedem verfestigten und ebenen Boden aufstellen. Die Senkrechte des Mastes wird durch Schraubspindeln, die sich an den Enden der Fundamentkreuzträger befinden, reguliert. Eine weitere Möglichkeit ist die Montage auf vier Verankerungsfüßen, die in ein Betonfundament eingegossen sind.

Ein solcher stationärer Kran kann nur die Baustellenpunkte bedienen, die im Schwenkbereich des Auslegers liegen. Um den stationären

Auf dem vorher gegossenen Betonfundament steht der Zeppelin-Obendreher. Die gestapelten Platten des Zentralballastes stabilisieren den Kran.

Zusammengebolztes Fundamentkreuz. Jetzt kann der Mastfuß angesetzt und der Ballast aufgestapelt werden. (Foto Liebherr)

Der Mast ist aufgebaut, die restlichen Ballastplatten werden folgen. (Foto Liebherr)

Damit der Turmdrehkran nicht umkippt – stabiles Fundament

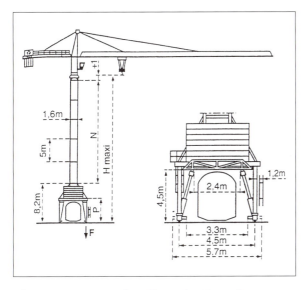

Abmessungen und Aufbau des Portales.
(Skizze Potain)

Antrieb des schienenverfahrbaren Kranes. Jeweils vier Rollen pro Eckpunkt übernehmen die seitliche Führung. Die schwarze Trommel wickelt das Stromkabel auf. (Foto Liebherr)

Kran beweglicher anzulegen, kann der Kran mit Last auf einer Schienenbahn verfahren werden. Da der Gleisbau sehr zeitraubend und kostenintensiv ist, wird er nur noch selten angewandt.

Wenn die ohnehin schon kleine Standfläche um 4,50 m nach oben verlegt wird, spricht man von einem Portalkran. Durch das Kranfundament kann der Zulieferverkehr laufen. Mitunter kann es auch vorkommen, dass Baustellen mit normalen Kranen nicht mehr versorgt werden können. Dann kommt der Kran in das Bauwerk und wächst mit ihm. Eine andere Möglichkeit der Kranabstützung ist die Befestigung außerhalb am Gebäude.

Linke Seite: Potain-Kran auf Portal gesetzt.
(Foto Bergerhoff)

Mastfuß eines schienenverfahrbaren Kranes. Ballast fehlt noch. (Foto Liebherr)

KRANE

Damit der Turmdrehkran nicht umkippt – stabiles Fundament

Rechts: Stabilisierung des Turmdrehkranes durch Verankerung mit der Außenfassade des Gebäudes. Links außen verläuft ein Personenaufzug. (Foto Liebherr)

Linke Seite: Liebherr HC im Innern eines Kühlturmes. (Foto Liebherr)

47

KRANE

Nun soll er aufgestellt werden.

Der Standort für einen Turmdrehkran ist natürlich von der Bauleitung in Absprache mit dem Architekten schon vor Baubeginn festgelegt worden. Die Abstimmung von Haken- und Gesamthöhe ist sehr wichtig, Bauwerke und Stromleitungen müssen berücksichtigt werden. Selbstverständlich hat eine Computeranimation gezeigt, wo der Kran stehen muss, damit alle Ecken der Baustelle erreicht werden können.

Kopfzerbrechen bereitet oftmals die Stromversorgung des Kranes. 380 Volt werden benötigt, da sollte schon eine entsprechend leistungs-

Liebherr K schwenkt auf einer Baustelle über Meran den Betonkübel über das Tal. (Foto Liebherr)

Hier war minutiöse Planung erforderlich! Autobahnquerung »Wilde Gera« in Thüringen. (Foto Liebherr)

fähige Anschlussstelle zur Verfügung stehen. Im Großteil der Fälle ist vom bauausführenden Unternehmen schon eine Baustellenstromversorgung mit den notwendigen Kabelquerschnitten eingerichtet worden. Hier befindet sich auch die Steckdose für den Kran. Ja, auch für ein solches Ungetüm kommt der Strom aus der Steckdose! Zu dem Zeitpunkt ist auch klar, wie das Fundament ausgeführt werden muss.

Heute werden Turmdrehkrane bis zu einer Hakenhöhe von 50 Metern mit Autokran montiert. Wird mehr verlangt, werden die fehlenden Maststücke eingeklettert.

In unserem Beispiel soll ein obendrehender Turmdrehkran aufgestellt werden. Das ausführende Bauunternehmen erledigt das in dieser Reihenfolge:

- Überprüfung des Standortes, des Untergrundes, des Fundamentes, der Schienenbahn und der Stromzuführung.
- Montage des Fundamentkreuzes, des Unterwagens, Vormontage des Auslegers, des Gegenauslegers, des Krankopfes.
- Montage des ersten Mastschusses.
- Ballastierung des Fundamentkreuzes bzw. des Unterwagens.
- Montage des kompletten Kranturmes mit Spitze und Kabine.
  – Montage des Gegenauslegers.
  – Einsetzen der Gegenauslegergewichte.
- Montage des Auslegers.
- Durchführung der erforderlichen Einstellarbeiten und Prüfungen.

Montage des Kranoberwagens mit Kabine und Spitze. (Foto Faun)

Der vormontierte Gegenausleger hängt am Haken.

Links: Laufkatze mit Lasthaken und Führungsrollen. (Foto Liebherr)

Oben: Toppless-/Biegebalken-Ausleger mit ballastiertem Gegenausleger. (Foto Liebherr)

Anbau des Auslegers mit Hilfskran. (Foto Liebherr)

KRANE

Ausführende Gewalt

Der Antrieb der Seiltrommeln und die Bewegung des Drehkranzes erfolgt über Getriebemotoren, deren Drehzahl elektronisch geregelt wird. Diese Antriebspakete sorgen für eine ruckfreie Betätigung der Winden und des Drehkranzes. Das Drehwerk für den Turmdrehkran beinhaltet auch die Windfreistellung. Dabei wird die Verbindung zwischen Drehkranz und

Getriebemotor für EDC-Drehwerk. (Foto Liebherr)

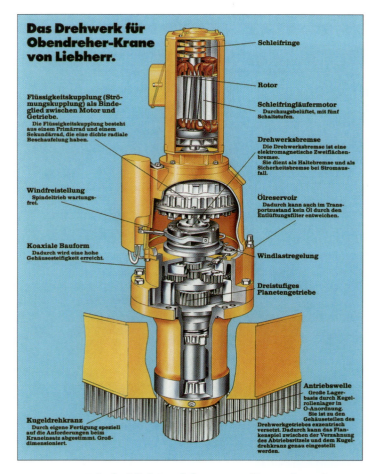

Schnittbild Getriebemotor für Drehwerksantrieb. (Grafik Liebherr)

Getriebemotor aufgehoben: Nach dem Prinzip der Windfahne stellt sich der Kran immer so ein, dass die Luftströmung nur geringen Widerstand findet.

Das Liebherr-EDC-Drehwerk, die im Moment wohl modernste Konstruktion, kann aber noch mehr. Auf den heutigen Baustellen wird erwartet, dass der Kranführer ein Betonfertigteil in einem Gang punktgenau aufsetzt. Nun arbeitet der Kran nicht im luftleeren Raum, der Wind erlaubt sich mit einem am Seil hängenden Bauteil manchen Spaß! Wenn die Pendelbewegung nicht schnellstens durch Gegensteuern aufgehoben wird, bewegt sich der gan-

Ausführende Gewalt

Im Normalbetrieb läuft das Hubseil vom Festpunkt vorn an der Auslegerspitze über die Umlenkrolle an der Laufkatze über die Rollen der Hakenflasche über die Umlenkrolle der Laufkatze zur Winde. Da zwei Seilstränge zur Hakenflasche führen, heißt das auch »zweisträngiger Betrieb«. Und das bedeutet wiederum mehr Geschwindigkeit und weniger Krafteinsatz. (Foto Liebherr)

Soll mehr Kraft bei geringerer Geschwindigkeit zur Verfügung stehen, so wird ein zusätzlicher Aufhängungspunkt an der Laufkatze geschaffen. Die zusätzliche Rolle löst sich aus der Hakenflasche, die jetzt an vier Strängen hängt. Die Umschaltung erfolgt von der Kranfahrerkabine aus. (Foto Liebherr)

ze Kran mit. Von punktgenauer Positionierung kann keine Rede mehr sein.

Hier greift die EDC-Elektronik ein. Ein durch den Kranführer vorgegebener Drehwinkel wird ausgeführt, selbst bei stärkstem Gegenwind. Die Elektronik regelt immer soviel nach, wie Versatz durch den Wind gegeben wird. Auf diese Weise werden auch Pendelbewegungen im Entstehen aufgelöst.

Vom Flaschenzug wissen Sie: Je mehr Rollen, umso größer die Kraft, umso geringer aber auch die Seilgeschwindigkeit. Irgendwann hatte jemand die Idee, kurzzeitig, durch Änderung der Einscherung, die Anzahl der Rollen zu

KRANE

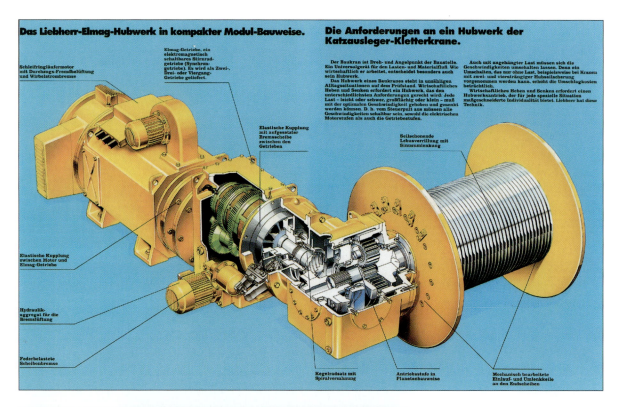

Das Liebherr-Elmag-Hubwerk in kompakter Modul-Bauweise.

- Schleifringläufermotor mit Durchzugs-Fremdbelüftung und Wirbelstrombremse
- Elmag-Getriebe, ein elektromagnetisch schaltbares Stirnradgetriebe (Synchrongetriebe). Es wird als Zwei-, Drei- oder Viergang-Getriebe geliefert.
- Elastische Kupplung mit aufgesetzter Bremsscheibe zwischen den Getrieben
- Elastische Kupplung zwischen Motor und Elmag-Getriebe
- Hydraulikaggregat für die Bremslüftung
- Federbelastete Scheibenbremse
- Seilschonende Lebusverrillung mit Sinusumlenkung
- Kegelradsatz mit Spiralverzahnung
- Antriebsstufe in Planetenbauweise
- Mechanisch bearbeitete Einlauf- und Umlenkkeile an den Endscheiben

Die Anforderungen an ein Hubwerk der Katzausleger-Kletterkrane.

Der Baukran ist Dreh- und Angelpunkt der Baustelle. Ein Universalgerät für den Lasten- und Materialfluß. Wie wirtschaftlich er arbeitet, entscheidet besonders auch sein Hubwerk.

Das Hubwerk eines Baukranes steht in unzähligen Alltagssituationen auf dem Prüfstand. Wirtschaftliches Heben und Senken erfordert ein Hubwerk, das den unterschiedlichsten Anforderungen gerecht wird: Jede Last – leicht oder schwer, großflächig oder klein – muß mit der optimalen Geschwindigkeit gehoben und gesenkt werden können. D. h. vom Steuerpult aus müssen alle Geschwindigkeiten schaltbar sein, sowohl die elektrischen Motorstufen als auch die Getriebestufen.

Auch mit angehängter Last müssen sich die Geschwindigkeiten umschalten lassen. Denn ein Umschalten, das nur ohne Last, beispielsweise bei Kranen mit zwei- und vierstängiger Hubseilscherung vorgenommen werden kann, erhöht die Umschlagkosten beträchtlich.

Wirtschaftliches Heben und Senken erfordert einen Hubwerksantrieb, der für jede spezielle Situation maßgeschneiderte Individualität bietet. Liebherr hat diese Technik.

Oben: Schnittbild Hubwerk. Kompaktes Aggregat, bestehend aus Motor, Schaltgetriebe, Scheibenbremse, Umlenkgetriebe, Planetengetriebe der Antriebsstufe, Seiltrommel mit Lebusrillung. (Grafik Liebherr)

Links: Hubwerk auf dem Gegenausleger. (Foto Liebherr)

verändern. 2 Rollen = hohe Arbeitsgeschwindigkeit, 4 Rollen = Lastverdoppelung. Je nach Kranfabrikat wurde die Umscherung am Boden vorgenommen oder konnte während des Jobs vom Fahrer in der Kabine aus verändert werden.

Klettervorgang – ja, wie klettert der denn?

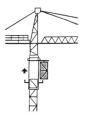

Der durch Hilfskrane aufgebaute Turmdrehkran muss jetzt auf seine Einsatzhöhe gebracht werden. Die Klettereinrichtung macht's möglich. Der Teleskopwagen, eine den Mast umgebende verschiebbare Stahlkonstruktion, ist an einer Seite geöffnet. Durch diese Öffnung wird der Mastschuss in die Turmkonstruktion eingefügt.

Während des Teleskopiervorganges ist der Teleskopwagen fest mit dem Unterteil des Krankopfes verbunden und stützt sich über einen Hydraulikzylinder und die Teleskopiertraverse auf den unteren Mastschüssen ab.

In der Praxis läuft das so ab:
1. Der Kran ist schon betriebsfertig, er kann bei der eigenen Montage eingesetzt werden.

Mit Autokranhilfe ist der Turmdrehkran soweit aufgebaut worden. Die erwünschte Masthöhe wird durch »Klettern« erreicht. (Foto Liebherr)

KRANE

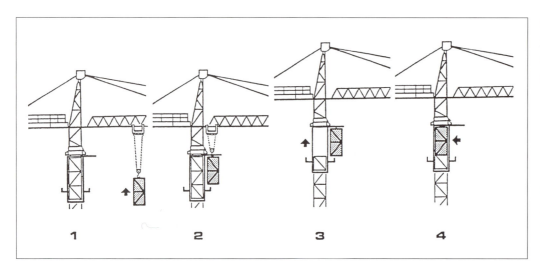

Schematischer Ablauf des Klettervorganges. (Skizze Potain)

1 2 3 4

Unten: Hier sehen Sie, wie der Kran wächst. (Foto Liebherr)

Klettervorgang – ja, wie klettert der denn?

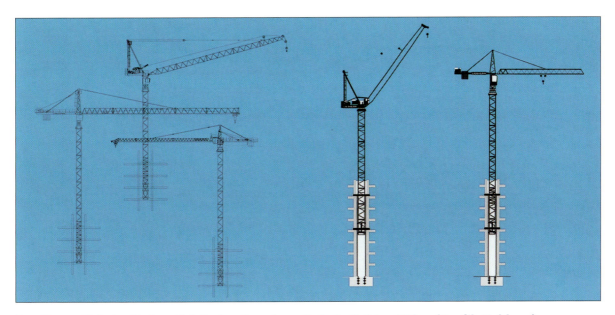

Der Kran wächst mit dem Gebäude – in nahezu jede beliebige Höhe. (Grafik Liebherr)

Der fertig zusammengebaute Mastschuss kann irgendwo in der Drehfläche gelagert und dort aufgenommen werden.

2. Jetzt drückt die Hydraulik den Teleskopierwagen zusammen mit dem Kranoberteil hoch. Der Teleskopierwagen wird dabei durch die schon vorhandenen Mastschüsse geführt. Der an der offenen Seite des Teleskopierwagens auf der Einführungsschiene abgehängte neue Mastschuss kann eingefahren und mit dem Turm verbolzt werden.

Weil auf manchen Baustellen eine Aufstellung des Kranes außerhalb des Gebäudes nicht möglich ist, wird der Kran so innerhalb des Gebäudes aufgestellt, dass die Kranhöhe mit dem Baufortschritt wächst. Der Kran steht dann nicht mehr auf dem Fundament, sondern wird mit Teleskoprahmen in bereits fertige Geschossdecken eingespannt.

Safety first – wer sorgt für die Sicherheit?

Sicherheitsvorrichtungen schützen den Kran vor Überlastung und vor eventuellen Bedienungsfehlern. Sie wirken auf die Steuerkreise der betreffenden Bewegungen. Die wichtigsten Komponenten möchte ich Ihnen kurz vorstellen:

Die Endschalter: Sie bewirken das Verringern der Geschwindigkeit und das Anhalten der Bewegung im Sicherheitsbereich vor den mechanischen Endanschlägen. Die Funktion der Endschalter ist täglich vor Inbetriebnahme ohne Last durch den Kranfahrer zu prüfen.
Endschalter »Heben/Senken« (1): Er wirkt auf das auf der Trommel montierten Reduktionsgetriebe, das die Umdrehungen registriert und die Schaltbewegung ausführt.

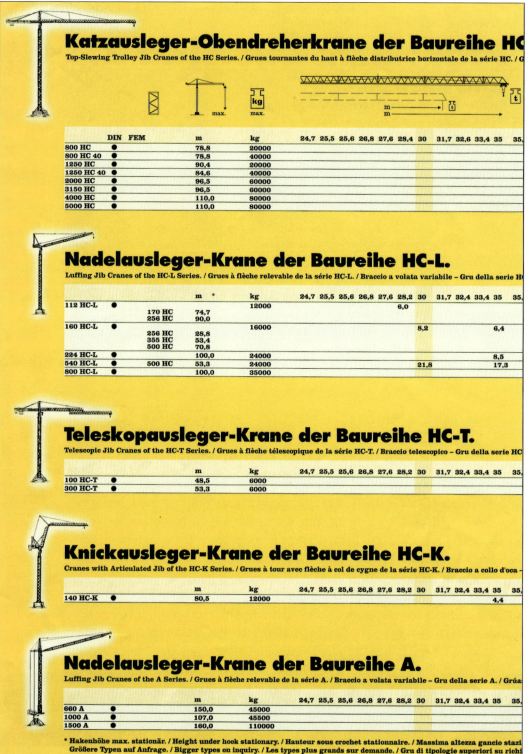

Katzausleger-Obendreherkrane der Baureihe HC
Top-Slewing Trolley Jib Cranes of the HC Series. / Grues tournantes du haut à flèche distributrice horizontale de la série HC. / G

	DIN	FEM	m	kg	24,7	25,5	25,6	26,8	27,6	28,4	30	31,7	32,6	33,4	35	35,
800 HC	●		78,8	20000												
800 HC 40	●		78,8	40000												
1250 HC	●		90,4	20000												
1250 HC 40	●		84,6	40000												
2000 HC	●		96,5	60000												
3150 HC	●		96,5	60000												
4000 HC	●		110,0	80000												
5000 HC	●		110,0	80000												

Nadelausleger-Krane der Baureihe HC-L.
Luffing Jib Cranes of the HC-L Series. / Grues à flèche relevable de la série HC-L. / Braccio a volata variabile – Gru della serie HC

			m	*	kg	24,7	25,5	25,6	26,8	27,6	28,2	30	31,7	32,4	33,4	35	35,
112 HC-L	●				12000							6,0					
		170 HC	74,7														
		256 HC	90,0														
160 HC-L	●				16000								8,2		6,4		
		256 HC	28,8														
		355 HC	53,4														
		500 HC	70,8														
224 HC-L	●		100,0		24000										8,5		
540 HC-L	●	500 HC	53,3		24000									21,8	17,3		
800 HC-L	●		100,0		35000												

Teleskopausleger-Krane der Baureihe HC-T.
Telescopic Jib Cranes of the HC-T Series. / Grues à flèche télescopique de la série HC-T. / Braccio telescopico – Gru della serie HC

		m	kg	24,7	25,5	25,6	26,8	27,6	28,2	30	31,7	32,4	33,4	35	35,
100 HC-T	●	48,5	6000												
300 HC-T	●	53,3	6000												

Knickausleger-Krane der Baureihe HC-K.
Cranes with Articulated Jib of the HC-K Series. / Grues à tour avec flèche à col de cygne de la série HC-K. / Braccio a collo d'oca –

		m	kg	24,7	25,5	25,6	26,8	27,6	28,2	30	31,7	32,4	33,4	35	35,
140 HC-K	●	80,5	12000											4,4	

Nadelausleger-Krane der Baureihe A.
Luffing Jib Cranes of the A Series. / Grues à flèche relevable de la série A. / Braccio a volata variabile – Gru della serie A. / Grúa

		m	kg	24,7	25,5	25,6	26,8	27,6	28,2	30	31,7	32,4	33,4	35	35,
660 A	●	150,0	45000												
1000 A	●	107,0	45500												
1500 A	●	160,0	110000												

* Hakenhöhe max. stationär. / Height under hook stationary. / Hauteur sous crochet stationnaire. / Massima altezza gancio stazi
Größere Typen auf Anfrage. / Bigger types on inquiry. / Les types plus grands sur demande. / Gru di tipologie superiori su richi

Typenübersicht.
(Grafik Liebherr)

Safety first – wer sorgt für die Sicherheit?

Endschalter »Laufkatze vorwärts« und »Laufkatze rückwärts« (2): Sie bestehen aus einem Rollenendschalter je Richtung, welcher über entsprechende Auflauflineale der Laufkatze betätigt wird. Möglich ist auch ein Reduktionsgetriebe ähnlich »Heben/Senken«. Möglicherweise kommt auch eine Kombination aus beiden Möglichkeiten zum Einsatz.

Schwenkbegrenzer »links/rechts« (3): Er verhindert das Verdrehen des elektrischen Kabelstranges zwischen Mast/Unterwagen und drehendem Kranteil. Er begrenzt das Schwenken auf 1,5 Umdrehungen nach rechts oder links. Er besteht aus einem Reduktionsgetriebe, das direkt in den Drehkranz eingreift.
Mit diesem Endschalter ist es auch möglich, bestimmte verbotene Sektoren im Schwenkbereich, die nicht überschwenkt werden dürfen, sicher auszugrenzen.

Endschalter »Kranfahren vorwärts/rückwärts« (4): Dieser hat die Aufgabe, die Kranfahrt vor Erreichen der Puffer am Gleisende anzuhalten. Er besteht aus einem Rollenschalter, der zum Beispiel an einem Boggie befestigt ist, der auf einer Rampe der Gleisanlage aufläuft und dadurch betätigt wird. Bei Kranen, deren Triebwerke eine hohe Geschwindigkeit ermöglichen, wird ein Geschwindigkeitsbegrenzer vorgeschaltet, der bewirkt, dass der Kran mit geringer Geschwindigkeit am Endschalter ankommt und so das Lastpendeln und Erschütterungen vermeidet.

Endschalter Montage (5): Diese Endschalter dienen der Überwachung bestimmter Montagezustände.

Lastmomentbegrenzer (6): Er verhindert die Überschreitung des maximal zulässigen Lastmomentes, für das der Kran berechnet wurde.

Hierfür sind zwei Bewegungen zu kontrollieren: Heben: Bei einer gegebenen Ausladung unterbindet dieser Begrenzer das Heben höherer Lasten als in der Lastkurve angegeben.
Laufkatze vorwärts: Für eine gegebene Last unterbindet dieser Begrenzer das Überfahren der in der Lastkurve des Kranes bestimmten Ausladung.

Lastbegrenzer (7): Die am Lasthaken hängenden Lasten übertragen eine Kraft auf das von der Trommel kommende Hubseil. Dieser Kraftangriff erfolgt auf die Seilscherungsrollen und auf die Seilenden, d.h. die Trommel und den Festpunkt. Die Messvorrichtung sitzt entweder auf einer Seilrolle oder auf der Seiltrommelhalterung. Die Lastbegrenzer dienen zum Schutz des Hubwerkes, des Seiles und der Tragkonstruktion.

Höchstlastbegrenzer: Die Höchstlast kann im Kriechgang und im kleinen Gang gehoben werden. Der Begrenzer verhindert das Heben, wenn die hebende Last schwerer als die Höchstlast ist.

Lastbegrenzer für große Geschwindigkeiten: Da die Hubwerke allgemein im kleinen Gang nicht die selbe Leistung wie im großen Gang aufweisen, nimmt die zulässige Tragkraft mit wachsender Geschwindigkeit ab. Dieser Begrenzer verhindert das Schalten höherer Gänge, wenn die gehobene Last einen vorgegebenen Einstellwert überschreitet.

Mindest einmal im Jahr – und auch nach längeren Kranstandzeiten – werden diese Sicherheitsvorrichtungen überprüft. Die Einstellung erfolgt letztlich in diesen Schritten:

- Nach Erstinbetriebnahme des Kranes
- Nach jeder Montage bzw. Umsetzung
- Nach dem Aufstocken/Klettern
- Nach jeder Reparatur, Umbau bzw. Unfall

KRANE

Kranbauarten

Getreu der Devise: »Je mehr er hat, je mehr er will!« war die Baubranche natürlich mit dem Erreichten auf dem Kransektor nicht zufrieden. Das war ja auch schon beim Fischer und siner Fru so. Der Kran war vorhanden, es war nur viel zu aufwändig, ihn zu bewegen. Die Forderung nach Schnelleinsatzkranen wurde immer lauter.

Schnelleinsatzkrane

Die »Klipp-Klapp-Krane«, wie ein Polier einmal sagte, kamen auf den Markt. Allerdings war vorher ein Wust aus gesetzlichen Vorschriften und Kundenanforderungen abzuarbeiten. Hakenhöhen zwischen 20 und 30 m waren gefragt, gleichzeitig sollte aber ein uneingeschränkter Straßentransport möglich sein. Der Ballast war Ballast, störte den Transport. Möglichst viel davon musste der Kran beim Transport selbst tragen.

Die leichten Schnelleinsatzkrane, wie z. B. der Blitzlift 16-20C, gedacht für Dachdecker, haben einen großen Vorteil: Aufgebaut auf einen Tandemachsanhänger, kann er von einem LKW mit 7,5 to zul. Ges. Gew., wie er in jedem Unternehmen vorhanden ist, gezogen werden. Die größeren Krane werden zwischen zwei Transportachsen gefahren, die mit dem Kranunterwagen verbolzt sind. Verbleiben die

Links: Ein »Klipp-Klapp-Kran«, Liebherr H, entfaltet sich fast automatisch. (Foto Liebherr)

Kranbauarten

Schnelleinsatz ist nicht nur »Klipp-Klapp«, sondern auch »auf-ab«. Hier zeigt er, was er kann: Schnell ist er arbeitsbereit. (Foto Liebherr)

Achsen am Kran, kann der voll montierte Kran nahe an das Objekt geschoben und dann ausnivelliert werden. Allerhöchste Priorität hat das schnelle und einfache Aufstellen der Krane. Kraneigene Hebezeuge (Ballastierung) unterstützen den Aufbau, zum der Schutz der Kabel und Seile vor Knickbeschädigungen müssen Hubseil und Katzfahrseil während des Aufstellvorganges und während der Demontage automatisch gespannt bleiben. Inzwischen ist der Ausleger nicht nur

KRANE

Eine Kranklasse weiter, Liebherr K. Ein Schnelleinsatzkran, der sich komfortabel entfaltet (Foto Liebherr).

waagerecht zu nutzen, zur Verbesserung der Hakenhöhe ist auch eine Steilstellung möglich. Und damit nicht aus Versehen der Kirchturm gerammt wird, kann man die vordere Hälfte des Auslegers zurückklappen oder aus- und einschieben. Bei den neueren Kranen wird der Mast zum Transport nicht mehr geklappt, sondern hydraulisch in einander geschoben.

Die Krane der nächstgrößeren Klasse müssen normalerweise zerlegt transportiert werden, Schnelleinsatz nur mit Fragezeichen. Die Krane der Liebherr-K-Klasse verfügen über einen Teleskopturm und eine Kurzzeit-Klettereinrichtung. So können bei Bedarf komplette Turmstücke eingefügt werden.

Rechte Seite: Nach dem Aufbau des Kranes kann er selbst bei der Inbetriebnahme helfen. (Foto Liebherr)

Liebherr MK 45 auf DaimlerChrysler-Fahrgestell beim automatischen Aufstellvorgang. (Foto Liebherr)

Kranbauarten

Ebenfalls zu den Schnelleinsatzkranen gehören die Kombinationen aus Turmdrehkran und LKW-Fahrgestell. Sie sind in kürzester Zeit arbeitsbereit, wie man es von Autokranen her kennt, bieten aber alle Vorteile des Turmdrehkranes. Stellvertretend dafür stehen die Liebherr-Typen M45 (45mt) und MK 80. Der M45 mit einen geschlossenen, klappbaren Mast sitzt auf einem vierachsigen LKW-Fahrgestell, der MK 80 verfügt über ein eigens neu konstruier-

Rechts: Der Schnelleinsatzkran dieser Klasse kann klettern. Konstruktionsbedingt können die Verlängerungsstücke von unten nachgeschoben werden. (Foto Liebherr)

Unten: Ein noch schnellerer Schnelleinsatzkran! Liebherr MK 45 auf MAN 35.403 DF 8x4 (Foto Steckemetz)

Aufgebaut und abgestützt bei der Arbeit. Die Kranfahrerkabine kann unterschiedlich hoch angebaut werden. (Foto Liebherr)

Unten: Datenblatt zum dreiachsigen Spierings-Kran. (Skizze Spierings)

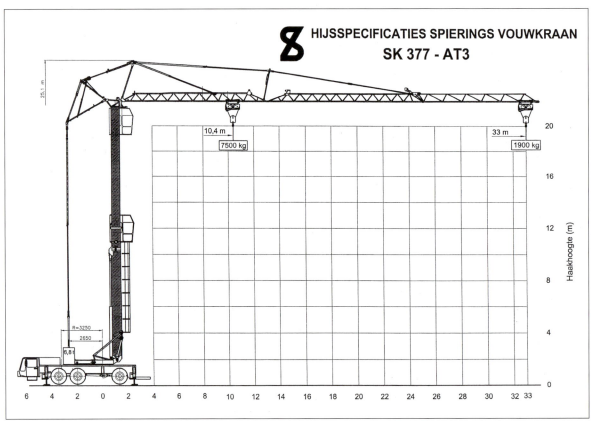

Kranbauarten

Hier zu sehen ist der nächst größere Schnelleinsatzkran. Liebherr MK80 auf vierachsigem Liebherr-Fahrgestell. Das Kranfahrgestell ist abgestützt und der Gittermast aufgestellt, aber noch nicht ausgefahren. (Foto Liebherr)

tes Kranfahrgestell. Alle Achsen sind hydropneumatisch gefedert und gelenkt. Drei der vier Achsen werden angetrieben. Der MK 80 hat eine Tragkraft von 8000 kg, die maximale Hakenhöhe bei waagerechter Auslegerausrichtung beträgt 28 Meter.

Trotzdem ist der Kran in Fahrstellung nur 15,90 Meter lang und 2,75 Meter breit bei einer Höhe von vier Metern. Sein teleskopierbarer Gittermast läuft auf Knopfdruck vorprogrammiert hydraulisch ab. Für die Bedienung genügt ein Mann.

KRANE

Die für den Betrieb des Kranes benötigte Energie liefert ein Dieselstromaggregat. Der Antrieb des Fahrgestelles erfolgt durch einen 368 PS starken Liebherr-Diesel.
Die drei- bis fünffachsigen Faltkrane der niederländischen Firma Spierings sind ähnlich auf-

Kranbauarten

Drei Abbildungen: Funkferngesteuerter Aufstellvorgang. (Fotos Spierings)

gebaut, allerdings grundsätzlich auf Spierings-Kranfahrgestellen. Beide Hersteller bieten außer dem Steuerstand am Fuß des Kranes eine höhenverfahrbare Kabine an.

KRANE

Die Obendreher

Wenn die Ansprüche an Hakenhöhe und Auslegerlänge immer größer werden, wachsen zwangsläufig auch die Abmessungen der Stahlbauteile. Solche Krane kann man nur noch stück- oder zumindest baugruppenweise transportieren. Wenn der Kranturm dann von höherer Art ist, wird aus dem Transportfahrzeug schnell eine Kolonne. Sehen Sie die Krane der schweren Klasse als einen Baukasten an: Das Fußkreuz möglichst vom größten Kran, wenn die Lasten es nicht anders erfordern, einen schlanken Turm. Bauart des Krankopfes und des Auslegers werden durch die örtlichen Gegebenheiten festgelegt.

Beim Einsatz auf Flughäfen oder unter Hochspannungsleitungen sowie auf Baustellen mit zahlreichen Turmdrehkranen und gegenseitig überschneidenden Arbeitsbereichen, werden aufgrund ihrer niedrigen Bauweise Krane mit Biegebalken/Kragarm-Auslegern ohne Turmspitze und Abspannung verwendet.

Rechte Seite: Nächtlicher Kühlturmbau. (Foto Liebherr)

Liebherr Topless EC-B in seinem Element. (Foto Bergerhoff)

Kranbauarten

KRANE

Er kann, wenn es sein muss, seinen Drehkreis drastisch verkleinern. (Foto Liebherr)

Links: Am Bauwerk abgestützter Liebherr HC-K. Mit dem knickbaren Ausleger ist es möglich, ohne obere Abstützung zu arbeiten. (Foto Liebherr)

Kranbauarten

Turmdrehkrane dieser Bauart werden auch im Tunnelbau verwendet. Hier geht es nicht um die Höhe, sondern um die Reichweite.

Die Königsklasse der Turmdrehkrane zeichnet sich durch imposante Abmessungen und Gewichte aus. Um beim Beispiel zu bleiben: Liebherrs HC-Baureihe reicht von 800-5000mt. Sie bietet Ausladungen bis 100 Metern und Traglasten bis 80 000 kg sowie freistehende Hakenhöhen von über 100 Metern.

Ein besonderes Prachtstück aus dem HC-Baukasten ist der HC-K mit knickbarem Ausleger. Er wird eingesetzt beim Bau von Kühl- und Fernsehtürmen. Durch den knickbaren Ausleger kann sowohl der kleinste als auch der größte Durchmesser des Objektes bedient werden. Die Turmhöhe kann einige Turmstücke geringer ausfallen, der knickbare Ausleger erreicht trotzdem die geforderte Hakenhöhe.

Mehr und mehr bestimmen Platzprobleme die Bauart der Turmdrehkrane. Ist das freie Durchschwenken nicht möglich, muss der Kran für einige Sektionen des Drehkreises »den Rüssel« einziehen können.

Beim Kransystem HC-T gibt es ein fest stehendes und ein verfahrbares Auslegerteil. Dadurch kann der untere Ausleger teleskopartig aus- und eingefahren werden. Die maximale Auslegerlänge lässt sich bis fast auf die Hälfte verkürzen. Das Ausfahren erfolgt stufenlos und unter Last. Gleichzeitig kann die Laufkatze verfahren werden.

Der Oberwagen eines Liebherr HC-L. Um die Ballastierung der Ausladung der Gittermastspitze anzupassen, werden über ein Hebelsystem die Ballastplatten verschwenkt. Im hinteren Drittel sehen Sie das Schwenkwerk für die Platten. (Foto Liebherr)

KRANE

Kranführeraufzug

Wie kommt der Kranführer in seine Kabine? Wenn Sie die Fotos der mit den Bauobjekten verbundenen Turmdrehkrane ansehen, dann werden Sie mit mir einer Meinung sein, dass der Kranführer ein gutes Gedächtnis haben und seinen Aufstieg genau planen muss. Stellt er, oben angekommen, fest, dass er besser doch vor seinem Aufstieg hätte auf die Toilette gehen sollen, dann hat er jetzt ein Problem. Oben bleiben, das Problem aussitzen – anrüchig! Heruntersteigen – auf halbem Weg wieder anrüchig! Gut, wenn sich sein Chef den GEDA-Kranführeraufzug vom Munde abgespart hat – danke, Chef!

Der GEDA-Combilift ist ein Zahnstangenaufzug mit Alu-Leiterteil. Das flexible System erlaubt die Aufzugsmontage an jedem Kran und Bauwerk. Ausgelegt für 120 Meter Höhe, sind aber auch andere Abmessungen möglich.

Links: Kranführeraufzug

Autokran – auch Gummikran genannt.

Offiziell heißt ein Autokran eigentlich Mobilkran, und von denen gibt es zwei Kategorien, nämlich die Teleskop- und die Gittermastkrane. Grundsätzlich sind bei allen Kranen einige Bauteile, zumindest von der Bezeichnung her, gleich. So auch bei den Mobilkranen, jeder Auto-Kran hat einen Unterwagen, einen Oberwagen, einen Drehkranz und einen Ausleger. Beginnen wir bei den einzelnen Baugruppen.

Unterwagen

Ganz im Anfang der Autokranzeit dienten dafür mehr oder weniger modifizierte LKW-Fahrgestelle. Die Fahrgestelle mussten in der Lage sein, den aufgesetzten Kranaufbau zu tragen, den Rest übernahmen die Abstützungen. Die LKW-Fahrgestelle hatten gegenüber den ersten Kranfahrgestellen den Vorteil der größeren Beweglichkeit. Später, als die LKW-Krane als Aufbauhilfen für die Schwerlastkrane mit den gewaltigen Teleskop- und Gittermasten dienten, konnten sie, wenn die Motorleistung ausreichte, auf einem Schwerlastanhänger Kranteile und Kranzubehör befördern.

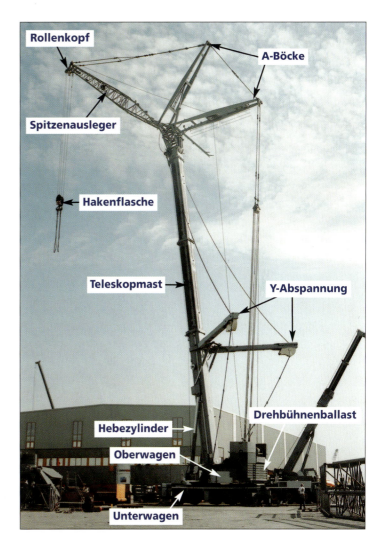

Baugruppen eines Teleskopmast-Autokranes. (Foto Liebherr)

Die LKW-Fahrgestelle mit Aufbaukran haben heute ein Marktsegment fest im Griff: Überall dort, wo nicht nur Wände aufgestellt, sondern auch zwischen den einzelnen Einsätzen Kilometer abgespult werden müssen. Die Aufbaukrane haben ein immer günstigeres Gewicht-/Lastverhältnis bekommen. In Verbindung mit

KRANE

Kran-Ahnen

Die Geschichte der Autokrane ist noch nicht einmal so alt, doch gibt es einige Klassiker, die unbedingt in dieses Buch gehören: Gottwald AMK 500, Gottwald AK 850, Gottwald AMK 1000 sowie der Rosenkranz KA 10001. Der Gottwald AMK 500 ist ein Teleskopkran, dessen Teleskopausleger auf einem Tieflader gefahren wird. Der Tieflader ist mit einer speziellen hydraulischen Hebevorrichtung ausgestattet, die den Anbolzvorgang erleichtert.

Die Gittermast-Autokrane Gottwald AK 850-1 und 850-2 unterscheiden sich durch den Aufbau des Unterwagens beziehungsweise das Fahrgestell. Der Typ 850-1 wird als komplette Kraneinheit eingesetzt. Der 850-2 hat das gleiche Kran-Equipment, allerdings ist es ein dreiteiliger Sattelzug-Kran: Die sechsachsige Zugmaschine, der Kranunterwagen, das vierachsige Tiefladermodul. Dieses Konzept bietet sich an für Krane, die für längere Einsätze festgestellt sind. Die Zugmaschine kann in Verbindung mit dem Tiefladermodul anderweitig eingesetzt werden. Der Telekopkran AMK 1000 war einmal der Star der Hannover-Messe. Dieser Kran konnte nicht nur seinen gewaltigen Ausleger, sondern auch noch 1000 Tonnen heben! Der Vorläufer dieser Großkrane war der Rosenkranz K 10001, mit 203 Meter Spitzenauslegerhöhe und 1000 Tonnen Hubkraft ein gewaltiges Ding. Im Herbst 1971 erfolgte der erste Aufbau und die erfolgreiche technische Abnahme. Wer sich für diesen größten Autokran der Welt besonders interessiert: Video gibt es bei HFS, Nedderndorfer Weg 19, 22111 Hamburg.

David und Goliath vom Rhein. Goliath ist der Gottwald AMK 500. (Foto Bergerhoff)

Der Tausendtonner Gottwald AMK 1000 in ganzer Pracht aufgerüstet. Kran schon in »Breuer«-Farben. (Foto Schulte)

Hier werden der Teleskopausleger (links) und das Anlenkstück (rechts) zusammengebolzt. (Foto Schulte)

Die angebolzte Ballastplatte mit Ballast. (Foto Schulte)

AMK 1000-103

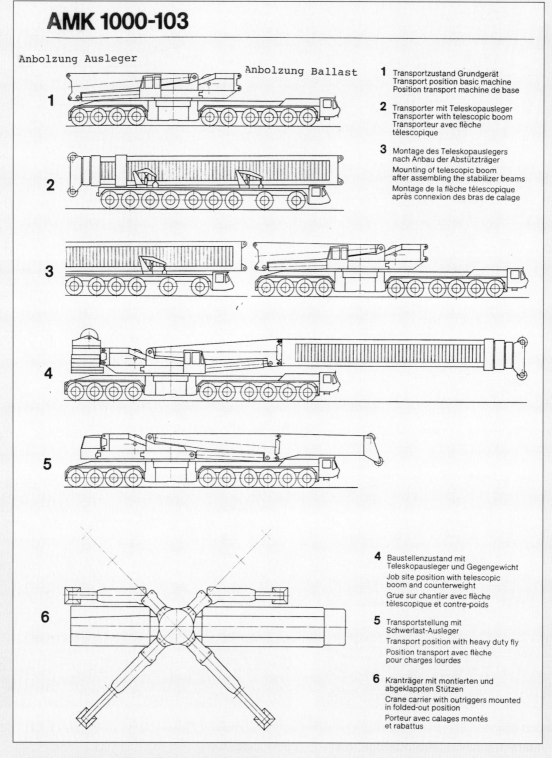

Zeichnung Kranaufbau (Skizze Gottwald)

Kran-Ahnen

Gottwald AK 850-1 als Neufahrzeug. Später wurden am größten Autokran Europas einige Modifikationen vorgenommen (siehe »Kraninstandsetzung«). (Foto Schmidbauer)

Leider keine gute Vorlage, aber dennoch spektakulär: Der Rosenkranz-Kran baut die Pylone der Köhlbrand-Brücke auf. (Foto Rosenkranz)

Gottwald AK 850-2, die Sattelzugausführung. (Foto Schmidbauer)

KRANE

Kässbohrer-Auto-kran auf Henschel-Fahrgestell.
(Foto Scholpp)

Einer der ersten Autokrane auf Sattelzug-Basis.
(Foto Scholpp)

Unterwagen

Der MAN 26.304 DFAS, firmenintern »Blitz«, als hochmotorisierter Autokran mit Gottwald AMK 45, konnte einen vierachsigen Tieflader mit Ballast und Maststück ziehen. Sein hier gezeigter Nachfolger war das »Traumschiff«, ein Daimler-Fünfachser-Fahrgestell mit Liebherr LTF 1070.

den durch Zusatzachsen immer höher belastbaren LKW-Fahrgestellen entstehen Arbeitsgeräte von beachtlicher Leistungsfähigkeit. Für speziellere Einsätze mit schwereren Kranen müssen allerdings passende Fahrgestelle her.

Wie Sie auf den Fotos sehen, sind die Kranunterwagen nicht mit den bei den LKW üblichen Leiterrahmen ausgestattet. Vielmehr ist ein Kranfahrgestell eine selbsttragende Konstruktion mit Schweißverbindungen zwischen den Lagern für die Abstützungen, dem Drehkranzlager und den Achsaufhängungspunkten.

Und noch etwas ist anders als bei den LKW: die Federung. Wobei man eigentlich nicht von einer Federung sprechen kann, es ist mehr eine steuerbare Niveauregulierung. Die eigentliche Federung übernehmen größtenteils die großvolumigen Reifen; die Hydropneumatik erlaubt

KRANE

Dreiachser MAN mit Sennebogen-Aufbaukran. (Foto MAN-NL)

Sennebogen-Aufbaukran mit Klappspitze. (Foto MAN-NL)

MAN 35.372 DF mit MKG-Kran HMK 950. Um die Höhenbegrenzung einhalten zu können, wurde die Fahrerhausbreite halbiert. (Foto Steckemetz)

es, den Kran in eigentlich unmögliche Positionen zu manövrieren. Durch Hebeldruck kann sie blockiert und damit auch justiert werden.

Dass die Reifen den Großteil der Federung übernehmen, sagte ich bereits, zu den Achsen komme ich jetzt: Je nach Lastverteilung sind die Achsen des Unterwagens zwillingsbereift, angetrieben oder gelenkt. Die Bilder zeigen Ihnen die verschiedenen Lenkungsansteuerungen. Je nach Einsatz lenken alle Achsen mit. Wenn das nicht unbedingt notwendig ist, lenken nur die Vorderachsen.

An den Antriebsmotor ist das Hauptgetriebe angeflanscht, hier wird die Fahrgeschwindigkeit geregelt. Dem Hauptgetriebe nachgeschaltet ist das Verteilergetriebe, von hier aus wird die Kraft auf die Achsen verteilt. Bei den kleineren Mobilkranen wird nicht immer der rein mechanische Antrieb gewählt. Jedes Rad bekommt einen Hydromotor, irgendwo im Kran wird Druck

KRANE

Feuerwehrkran auf MAN 41.463 VFA 8x8. (Foto MAN)

Unten: Achtachsiger Liebherr-Kranunterwagen. Die schwarzen Zylinder über den Achsen beinhalten die hydropneumatische Federung. (Foto Liebherr)

Selbst auf geneigter Standfläche kann der Kran durch die Niveauregulierung waagerecht gestellt werden. (Foto Bergerhoff)

KRANE

Die hydropneumatische Federung in Verbindung mit der Niveauregulierung läßt den Kran ohne spektakuläre Schräglage über das Hindernis rollen. (Foto Bergerhoff)

erzeugt – der mechanische Aufwand entfällt. Diese Art des Antriebes wurde bisher nur bei Baumaschinen eingesetzt, die interessante Entwicklung auf diesem Sektor stammt von der Firma Compact Truck AG. Bei diesem Hersteller befindet sich der Antriebsmotor sowohl für die Kranhydraulik als auch für die Antriebshydraulik im Heck des Oberwagens. Dank dieser Position ersetzt er einen Teil des Ballastes, und das Fahrzeug wird insgesamt leichter. Um sowohl langsam, mit hoher Zugkraft, als auch schnell auf der Autobahn fahren zu können, sind die den Radnabenmotoren vorgesetzten Planetengetriebe schaltbar ausgeführt. Ab ca. 25 km/h wird die Untersetzung automatisch von 41:1 auf 7:1 umgeschaltet.

Unterwagen

Oben: Was in Querrichtung möglich ist, kann auch in Längsrichtung geschaltet werden. Die Trennung der einzelnen Steuerkreise macht es möglich. (Foto Bergerhoff)

Rechts: Die verschiedenen Arten der Lenkung bei mehrachsigen Fahrzeugen. A = normale Straßenfahrt. B = Einstellung für extrem enge Kurvenradien. C = Hundegang oder parallele Schrägfahrt. So kann ein Kran bis zur Berührung an ein Hindernis fahren. (Skizze Faun)

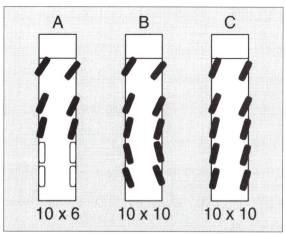

KRANE

1. Antriebsachse mit Unterstützungszylinder für die Lenkung. (Foto Steckemetz)

Untersetzungshebel im Lenkgestänge von vorn nach hinten. Die ungleich langen Hebelarme erzeugen die unterschiedlich großen Wendekreise. (Foto Steckemetz)

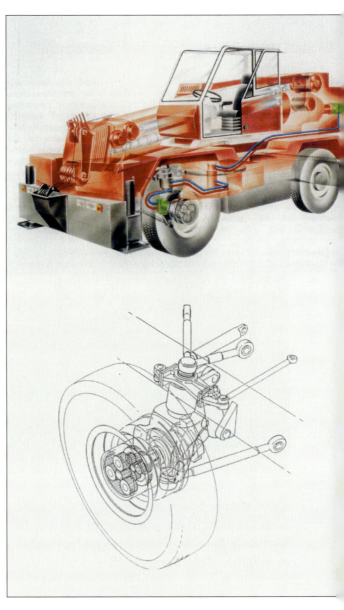

Der hydrostatische Einzelradantrieb beim CT-Truck. (Grafik CT)

Oberwagen

Überspitzt könnte man sagen: Im Oberwagen ist all das untergebracht, was für die Arbeit gebraucht wird. Der Motor mit den Hydraulikpumpen für den Antrieb der Winden und den Antrieb des Drehwerks. Der Steuerblock für die verschiedenen Hydraulikfunktionen. Die Winden für das Hubseil, das Einziehseil, die Winden für die Bewegung der Wippspitze und des Derrick-Auslegers – Sie sehen, es wird schon sehr eng! Dazu kommen die Lagerpunkte für den Teleskopausleger und die Hebezylinder, die Anbolzpunkte für die Ballastplatte.

Der Ballast spielt beim Oberwagen eine große Rolle, schließlich soll möglichst viel Kranausrüstung schon bei der Transportfahrt auf dem Kran mitgeführt werden. Um den Achslasten gerecht zu werden, muss ein Teil des Ballastes von der Ballastplatte des Oberwagens abgenommen und auf dem Unterwagen abgelegt

Oberwagen eines Liebherr LTM 1500. Der Drehmittelpunkt liegt zwischen Hebezylinder und Auslegeranlenkung. Hinter dem Ausleger die Hubwinde, am Ende der Drehbühne, über der Ballastplatte, die Verstellwinde für die Wippspitze. (Foto Bergerhoff)

KRANE

Auch beim Oberwagen des Demag AC 1200 liegt sein Drehmittelpunkt zwischen dem Fußpunkt der Hebezylinder und dem Anlenkpunkt des Teleskopauslegers. Am Ende der Drehbühne, zwischen den gestapelten Ballastplatten liegt die Umlenkrolle und die Winde für die Verstellung der Wippspitze. Davor befindet sich die Winde für das Hubseil. (Foto Demag)

werden. Bei den großen Kranen ist das Ausballastieren noch aufwändiger, schließlich muss noch die Ballastplatte angebolzt werden. Erst dann kann der auf einem separaten Fahrzeug angelieferte Ballast aufgelegt werden. Die bewegliche Verbindung zwischen Ober- und Unterwagen ist das Drehwerk oder auch der Drehkranz.

Drehkranz

Der großflächige Zahnkranz ist fest mit dem Unterwagen verbunden, die Lagerplatte gehört bereits zum Oberwagen. Würde die Lagerplatte des Oberwagens einfach auf dem Zahnkranz drehen, wäre trotz bester Schmierung der Reibungsdruck zu hoch, um eine ruckfreie Drehbewegung durchführen zu können. Die große Reibfläche musste daher in viele kleine Reibpunkte aufgeteilt werden, in Kugel- oder Rollendrehkränze. Wenn Sie eine Tüte Erbsen auf den Parkettboden schütten und versuchen, darüber zu gehen, wissen Sie, was ich meine.

Drehkranz mit außenliegender Verzahnung. (Foto Steckemetz)

Drehkranz

Quick-Connection am Drehwerk des Demag AC 180. Schnell lösbare Verbindung zwischen Ober- und Unterwagen. (Foto Bergerhoff)

Drehkranzwechsel am Liebherr LTM 1120. (Foto Bergerhoff)

Die Rutschplatte des Oberwagens trägt auch den hoch untersetzten Drehmotor. Das Ritzel des Drehmotors greift in die Außenverzahnung des auf dem Unterwagen montierten Zahnkranzes und bewegt den Oberwagen.

KRANE

Spektakuläre Einsätze

Das geht in die Wupper …! Dieser alte westfälische Spruch besagt, dass etwas daneben geht. Hier ist etwas in die Höhe gegangen. Zur Montage der Hilfsgerüste für die Modernisierung der Schwebebahn in Wuppertal musste wegen der unterschiedlichen Wasserstände der Drehkranz beim Sennebogen 613 erhöht werden.

Kranfahrerkabine

Hier befindet sich die Elektronik-Logistik-Leitzentrale. Der große Monitor informiert den Fahrer über alle relevanten Krandaten, einschließlich Außentemperatur und Windstärke. Die wichtigsten Kranbewegungen werden über vorgespannte Joysticks (ähnlich einer Servolenkung) ausgeführt. Es gibt in der Joystickbewegung keine »hakeligen« Stellen, der Bewegungsablauf ist gleichmäßig-gleitend. Bei den Stellmotoren (Drehen, Winden usw.) sorgen Flüssigkeitskupplungen für eben solche gleichmäßig-gleitenden Bewegungen.

Die Bediener solcher Hitech-Zentren müssen natürlich wohltemperiert und weichgepolstert

Kranfahrerkabine

Kranfahrerkabine mit Joysticks in den Armlehnen. (Foto Liebherr)

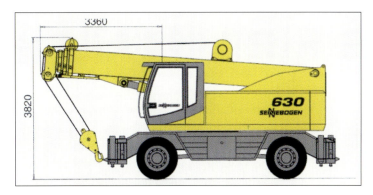

Sennebogen 630 mit kombinierter Fahrer-/Kranfahrerkabine. Zur Transportfahrt muss der Ausleger in dieser Stellung befestigt werden. (Grafik Sennebogen)

Der Demag AC60 darf so fahren, weil im Rollenkopf ein Abweiser in Form einer Stoßstange eingehängt ist und weil alle Teleskopmastausschübe mit dem Mast verspannt sind. (Foto Demag)

aufbewahrt werden. Das ist nicht zynisch gemeint! Wenn ein Kranfahrer mit einem Kollegen eine Brücke am Haken hat und diese konzentriert händeln kann, der ist für seinen Chef sicher mehr wert als die 1000 Euro, die vielleicht eine Klimaanlage kosten mag!

Bei den kleineren Kranen kombinieren manche Hersteller Fahrer- und Kranfahrerkabine, so können diese Krane kompakt gehalten werden.

Um den uneingeschränkten Blick auf den Job zu ermöglichen, ist die Kabine oftmals beweglich angebracht. Sie kann schräg gestellt und weit ausgefahren werden. Für den Transport wird die Kranfahrerkabine am hinteren Ende des Oberwagens abgesetzt.

KRANE

Spektakuläre Einsätze

Werfen Sie einen Blick hinter die Kulissen des Fernsehens, obwohl hier noch gebaut wird, bevor gebaut wird! Die Dachkonstruktion des Fernsehgartens (ist dem Fernsehpublikum bekannt) soll auf die Ständer gehoben werden. Dazu muss aus dem Liebherr LG 1550 aber erst einmal ein LGD 1800 »Spacelifter« gemacht werden. Der Aufrichtebock des LG 1550 zieht über den Derrick-Ausleger den Hauptausleger hoch. Ihm folgt, über die A-Böcke der wippbare Gittermastausleger. Der Rüstzustand: Hauptausleger 35 Meter, Wippe 49 Meter, Derrick 31,50 Meter. Oberwagenballast 160 Tonnen, Superliftballast (schwebend) 190 Tonnen. Endausladung des Spacelifters: 32 Meter, Last des Fernsehgartendaches: 75 Tonnen. Ausladung beim Anschlagen des zweiten Kranes LTM 1400: 39 Meter, Last am LTM 1400: 30 Tonnen.

Der »Spacelifter« wächst, das Fernsehgartendach liegt bereit. Und dann ist der Hub mit drei Kranen fast fertig. (Foto Schulte)

Nicht nur die kleinen Krane haben kombinierte Kabinen. Auch dieser 110 Tonner CT.4-B ist damit ausgestattet. (Grafik CT)

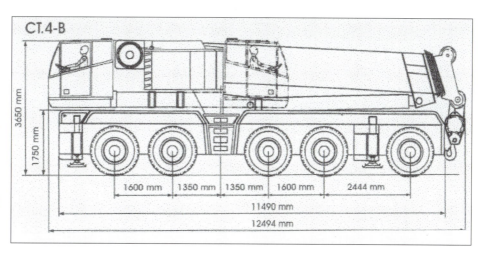

Schöne Aussicht, nicht nur für Träumer. (Foto Liebherr)

Rechts: Die bei der Arbeit nach außen geschwenkte Kabine des Demag AC 1600 wird für die Transportfahrt nach hinten geklappt. (Foto Goll)

KRANE

Spektakuläre Einsätze

Und dann war da noch diese Baustelle mit der drangvollen Enge! Kohletransportbahnen mussten im Tandemhub bewegt werden. Erschwert wurde dies durch eine Gebäudeecke und einen Turmdrehkran. Bevor die Arbeit beginnen konnte, galt es erst einmal die Krane aufzurüsten.

Im Tandemhub wird die Kohlentransportbahn eingehoben. (Foto Schulte)

Der »Geweihträger« ist mit dem Teleskopmast verbolzt. Die A-Böcke sind aufgerichtet, der Spitzenausleger wird zusammen gebaut. Dann wird der Teleskopmast angehoben, der Spitzenausleger folgt nach. Das Problem beim anstehenden Hub war der Turmdrehkran und die Gebäudeecke. (Foto Schulte)

Teleskopmast

Der Teleskopmast ist für den Großteil der Autokrane die Standardausrüstung. Die Hakenhöhen können leicht angepasst werden. Der Teleskopmast kann in den meisten Fällen auch während der Transportfahrt auf dem Kran verbleiben. Im Rahmen der technischen Ausstattung hält sich die Anzahl der Begleitfahrzeuge in Grenzen. Lediglich die Bauteile für das »Geweih« (Aufrichteböcke, Spitzenausleger) müssen separat transportiert werden.

Liebherr LTM 1030 mit verkürztem Ausleger für Hallenarbeiten (Boot, Düsseldorf). (Foto Bergerhoff)

KRANE

Der Teleskopmast des Demag AC 1200 ist für die Transportfahrt abgelegt. Ballast wird separat transportiert. (Foto Demag)

Rollenkopf mit Spitzenaufnahme und Verriegelungszylindern am Liebherr LTM 1400. (Foto Steckemetz)

Teleskopmast

Spektakuläre Einsätze

Ein Teleskopmastautokran Liebherr LTM 1800 mit Derrick, das gibt es angeblich nur in zwei Exemplaren auf der Welt. Die Firma Grohmann-Attollo setzte den ehemaligen Ainscough-Kran zur Demontage einer Brücke bei Königs Wusterhausen ein. Ein Hub mit zwei kleineren Kranen war nicht möglich, da die Eisenbahnstrecke Berlin-Görlitz unter dieser Brücke verläuft.

Wer den genauen Ablauf dieses sehr komplizierten Hubes nachlesen möchte, wende sich an ROADjournal.

Das Ausgangsprodukt Liebherr LTM 1800. (Foto Liebherr)

Der Kran während des Hubes. (Foto Liebherr)

KRANE

Teleskopmast

Gespannt wie ein Flitzbogen! Liebherr LTM 1300 hebt mit 60 Meter Ausladung im ZDF-Fernsehgarten eine 10 to schwere Videowand ein. (Foto Schulte)

Die Konstruktion der einzelnen Telemastausschübe ist die Hohe Schule der Statik, müssen doch gleich mehrere Forderungen erfüllt werden: Größtmögliche Hakenhöhe mit geringer Anzahl von Ausschubstücken. Die Länge des Teleskopmastes ist durch die Länge des Kranfahrgestelles vorgegeben. Wenn man die Überlappung der einzelnen Ausschübe verringert, hat man bei gleichbleibender Gesamtlänge schon wieder beträchtlich Höhe gewonnen.

Hier beginnt die Gratwanderung Höhengewinn/Sicherheit. Gefordert wird höchste Stabilität bei bester Materialausnutzung und geringstem Gewicht.

Links: Rollenkopf am Teleskopmast des Demag AC 1600. Oben die Zuführungsrollen für das Hubseil bei verschiedenen Einscherungen. Unten die Gegenrollen für den Flaschenzug mit der Hakenflasche. (Foto Goll)

Oben: Windkraftanlagenbau. Um zwischen den einzelnen Masten beweglich zu sein, wird der Kran nur teilabgerüstet. Platz für die »Kampfmaschine« ist ja genügend vorhanden! (Foto Ulferts & Wittrock)

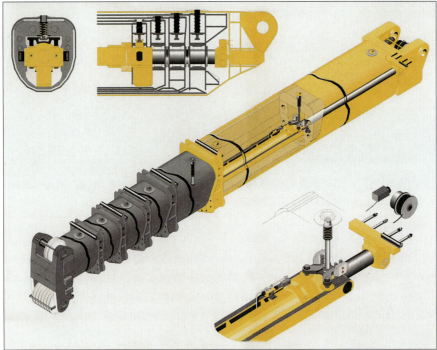

Die Innenverriegelung der Teleskope. Über druckfederbelastete Bolzen erfolgt nacheinander die mechanische Verriegelung des Teleskopierzylinders mit einem Teleskopteil und im Anschluss daran die mechanische Entriegelung des selben Teleskopteils vom Teleskopausleger. So ist sichergestellt, daß eine Teleskopentriegelung erst dann erfolgen kann, wenn das Teleskopteil mit dem Hydraulikzylinder verbolzt worden ist. (Grafik Liebherr)

Teleskopmast

Spektakuläre Einsätze

Der Teleskopkran Liebherr LG 1550 ist sehr nahe an der eierlegenden Wollmilchsau. Der Kran kann sowohl mit einem Teleskopausleger ausgerüstet werden als auch mit einem Gittermastausleger. Mit Teleskopausleger lautet die Typenbezeichnung dann LTM 1800.

Liebherr LG 1550 mit Gittermast, Derrick, Wippspitze, Schwebeballast. (Foto Thömen/Liebherr)

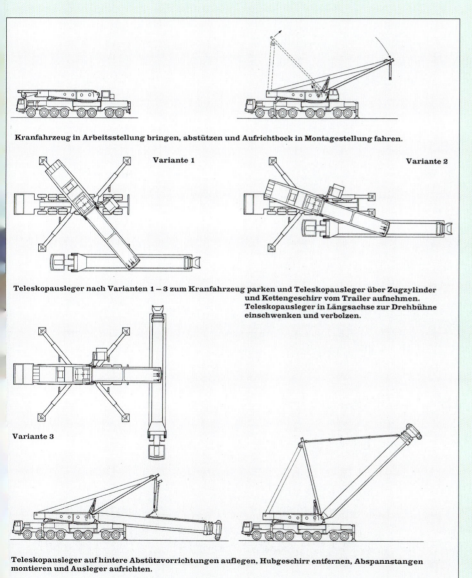

Per Tieflader kommt der Teleskopausleger, der aus einem LG 1550 einen LTM 1800 macht. Wie der Aufbau erfolgt, zeigt diese Skizze von Liebherr.

KRANE

Auf vielen Baustellen habe ich Zuschauer beobachtet, die mit großem Interesse den Ausschub eines Teleskopmastes verfolgten. »Wie funktioniert das wohl?« war die Frage auf Ihren Gesichtern, und falls das auch Ihre Frage sein sollte: Hier ist, grob vereinfacht, die Erklärung: Grundsätzlich gibt es mehrere Möglichkeiten, eine ist die Verwendung von je einem Ausschubzylinder pro Masteinheit. Bei einem Teleskopmast mit vier Ausschüben ergibt das allerdings ein ziemliches Gewusel an den Hydraulikschläuchen. Eleganter ist die Kombination aus Hydraulikzylindern und Flaschenzugeinheiten. Jede Wegveränderung der Hydraulikzylinder wird in eine Wegveränderung der Flaschenzugeinheiten umgewandelt. Aus der Liebherr-Grafik sehen Sie den schematischen Aufbau der hydromechanischen Teleskopiersysteme. Bei den großen Kranen entfallen die Flaschenzugeinheiten. Ein zweistufiger Hydraulikzylinder führt alle Bewegungen aus.

Spektakuläre Einsätze

Ein viereinhalb Tonnen schweres Salzsilo soll von A nach B gebracht werden. Kein Problem, kann man eventuell mit einem Leicht-LKW machen. Nun liegen aber A und B nur 600 Meter weit auseinander. Da könnte man doch eigentlich …. Der Kran, der das Silo einmal gehoben hat, fährt damit gaaanz langsam durch die Ortschaft. Der Fahrer darf allerdings kein »Gas/Bremse-Typ« sein, sonst gerät das gute Stück in unkontrollierbare Schwingungen! Ist alles gut gelaufen, das Silo hat die Fahrt mit dem Demag AC 80 gut überstanden.

Standortfrage: Mit dem Demag AC 80 wird das Salzsilo transportiert. (Foto Schulte)

Spektakuläre Einsätze

Nicht nur über die Höhen des Westerwaldes pfeift der Wind so kalt, auch auf den Höhen des Hunsrück' kann es ganz schön zugig werden! Der Bau eines Windparks (neun Anlagen) bot sich an. Nun will der bei der Windparkmontage etwas zurückgefallene Teleskopmastmobilkran natürlich gegenüber dem Raupenkran in Sachen Einsatzgeschwindigkeit wieder Boden gut machen. Normalerweise müsste der Teleskopmastmobilkran bei der Fahrt von einem Mast zum anderen komplett

Mit bordeigenen Mitteln wird ballastiert, bevor der Spitzenausleger angebaut werden kann. (Foto Schulte)

Liebherr LTM 1500 ohne Ballast und mit »Geweihträger« auf Transportfahrt. (Foto Schulte)

zurück gebaut werden. Der Raupenkran, ist er einmal fahrfertig, kann sich in vollem Wichs von Mast zu Mast bewegen, allerdings langsam. Bei dieser Fahrt kann er kleine Steigungen bewältigen. Um etwas Zeit zu sparen, lässt man beim Teleskopmastmobilkran das Adapterstück mit den A-Böcken und dem Ansatzstück für den Nadelausleger am Teleskopmast. Der Kran sieht dann zwar aus wie eine mittelalterliche Kampfmaschine, ist aber doch schnell wieder einsatzfähig. Hier im Hunsrück wurden für das Umsetzen des Liebherr LTM 1500 etwa 3,5 Stunden benötigt.

Nun ist der Teleskopkran in seiner Standardausrüstung nicht unbedingt der »Kran für alle Fälle«. Erst durch den Anbau von festen Spitzen in verschiedenen Neigungswinkeln oder wippbaren Spitzenauslegern kann das ganze Spektrum der Teleskopkrane genutzt werden. Der Teleskopmast fungiert dann nur noch als Träger für verschiedene Ausbausysteme, muss aber eventuell noch stabilisiert werden.

KRANE

Superlift

Um dem Teleskopmast stabilisierend ins Genick greifen zu können, gibt es den Superlift. Dabei handelt es sich um einen Abspannbock, der auf dem Hauptteil des Teleskopmastes montiert ist und bei Bedarf aufgerichtet werden kann. Damit wird Teleskopmast wesentlich stabilisiert, besonders wenn der Job feste Spitzen oder Wippspitzen erfordert.

Zwei Demag AC 1600, einer mit Superlifteinrichtung, beim Tandemhub. (Foto Demag)

Superlift

Spektakuläre Einsätze

Um Brückensegmente der Wuppertaler Schwebebahn heben zu können, wurde der Demag AC1200 mit Superlift versehen. Der Standplatz am Ufer der Wupper war so eng, dass der Kran auf der Landseite nur mit halb ausgefahrener Abstützung arbeiten könnte.

Beim Umbau der Wuppertaler Schwebebahn setzte die Firma Bracht aus Erwitte auch einen Gittermastautokran Gottwald AK 450 mit Gittermastwippspitze ein.

Wegen der Platzverhältnisse (schräge Auffahrt), musste der Kran auf Betonklötze gesetzt werden. Um das 60 Tonnen schwere Brückenteil hinter einen Bahnhof heben zu können, war ein Tandemhub mit einem Liebherr LTM 1300 mit Superlift erforderlich.

Vor dem Bahnhof wird der Kran aufgerüstet. Hier bekommt er die linken Abstützungen. Die Kranfahrerkabine muss ausgeklappt werden, dann wird der Oberwagen zur Aufnahme des Gittermastes gedreht. (Foto Schulte)

Gittermast und Spitzenausleger liegen gestreckt vor dem Kran. Die Abspannstangen zum Aufrichtebock sind eingehängt, das Seil auf den A-Böcken eingeschert. Das Aufstellen des Gittermastes kann beginnen. (Foto Schulte)

KRANE

Aufbau der Superlifteinrichtung am Demag AC 650. (Foto Schulte)

Einer der unberechenbaren Feinde des Kraneinsatzes ist der Wind. Das mächtige »Geweih« auf der Spitze des Teleskopmastes bietet einfach zu viel Angriffsfläche, die man durch die bisherigen Abspannungsmöglichkeiten nicht kompensieren konnte. Nun gibt es den SSL (Demag-Bezeichnung für »Seitlicher Superlift«), bei Liebherr wird das System »Y-Abspannung« genannt. Beide Systeme haben die gleiche segensreiche Aufgabe, nämlich den Teleskopmast seitlich abzuspannen und zu stabilisieren. Durch die »komm in meine Arme«-Stellung der Armes des Superliftes wird der Teleskopmast zusätzlich zur Lastrichtung auch seitlich verspannt. Die Eigenbewegungen des leicht instabilen Mastes werden gebremst, die Last wird präziser abgesetzt. Ein weiterer wesentlicher Vorteil ist die respektable Traglasterhöhung, Liebherr spricht von bis zu 60 Prozent!

Superlift

Spektakuläre Einsätze

Der Schienenteil des Bahnhofes von Eindhoven umfasst eine riesige Fläche. Wegen Bauarbeiten mussten die Oberleitungsdrähte angehoben werden. Hier war nicht nur der lange, sondern auch der starke Arm gefragt! Der Demag AC 650 bekam zur Stabilisierung des Auslegers mit fester Gittermastspitze einen Superlift. Der Liebherr LTM 1400 wurde für die notwendige Reichweite mit wippbarem Gittermastausleger versehen. Die Vorbereitung des Hubes begann schon mit Problemen, weil, mal wieder, der Platz zum Aufrüsten der Krane fast nicht ausreichte.

Weit reichende Auswirkungen. (Foto Nederhoff)

KRANE

Eine bei Teleskopkranen eher seltener anzutreffende Art des Superliftes (Maststabilisierung) ist der Derrickausleger. Mit seiner Hilfe kann das Lastmoment des Ballastpaketes auf den Teleskopausleger übertragen und somit die Traglast erheblich vergrößert werden.

Durch die Y-Abspannung ist es möglich, den Teleskopmast ganz einzufahren und die Wippspitze mit A-Böcken montiert zu lassen. (Foto Bergerhoff)

Gittermast

Spektakuläre Einsätze

Auf der Südseite des Expo-Geländes wurde zur Expo 2000 um die Halle 26 herum ein gewaltiges Bauwerk aufgestellt, ein Dach zwischen den Hallen. Zehn 30 Meter hohe Stützpfeiler tragen jeweils vier Elemente in Form eines Kleeblattes. Die ganze Dachkonstruktion hat eine Fläche von 16.000 m². Teile der Kleeblätter wurden in Bayern aus Tannenholz-Leimbindern vorgefertigt. Auf dem Expo-Gelände wurden die Teile zusammengefügt und so auf Stützen gelegt, dass sie von einem Tieflader hydraulisch aufgenommen werden konnten. Die 43 Tonnen schweren Elemente brachte der Demag AC 650 mit 40,5 Meter-Hauptausleger mit Superlift und 140 Tonnen Drehbühnenballast in die richtige Position.

Der Demag AC 650 der Firma Nolte hebt die Kleeblatt-Teile ein. (Foto Nolte)

Gittermast

Sind große Hakenhöhen erforderlich, wird ein Kran mit Gittermast eingesetzt. Während man beim Teleskopmast die Hakenhöhe innerhalb der technischen Grenzen ziemlich problemlos verändern kann, muss der Gittermast durch das Einfügen von Turmstücken aufgerüstet werden, das geht allerdings bis kurz vor die Wolkengrenze!

Wie beim Teleskopmast auch, ermöglichen die Anbauteile die Flexibilität des Gittermastes. Durch den wippbaren Ausleger (Wippspitze) kann sowohl in der Höhe als auch in der Fläche ein breites Spektrum abgearbeitet werden. Über die beiden Aufrichteböcke wird die Winkelstellung der Wippspitze gesteuert.

Der Gittermast und die Wippspitze mit allem Zubehör werden durch Seilzüge und eigene Winden aufgerichtet. Steht der Gittermast fast senkrecht und hat auch die Wippspitze nur eine unbedeutende Schräglage, dann genügt ein Lufthauch und die ganze Konstruktion würde nach hinten überklappen. Beim Teleskopmast mit Hebezylindern kann das nicht passieren,

KRANE

Gottwald AK 450 vor der Montage einer Windkraftanlage. (Foto Schulte)

Die Windkraftanlage ist aufgestellt, der Kran kann abgebaut werden! Über den Aufrichtebock senkt sich der Gittermast mit Ausleger ab. Über die A-Böcke wird der Gittermast zusammen mit dem Ausleger bis zur Gestreckten gezogen und zur Demontage auf dem Boden abgelegt. (Foto Schulte)

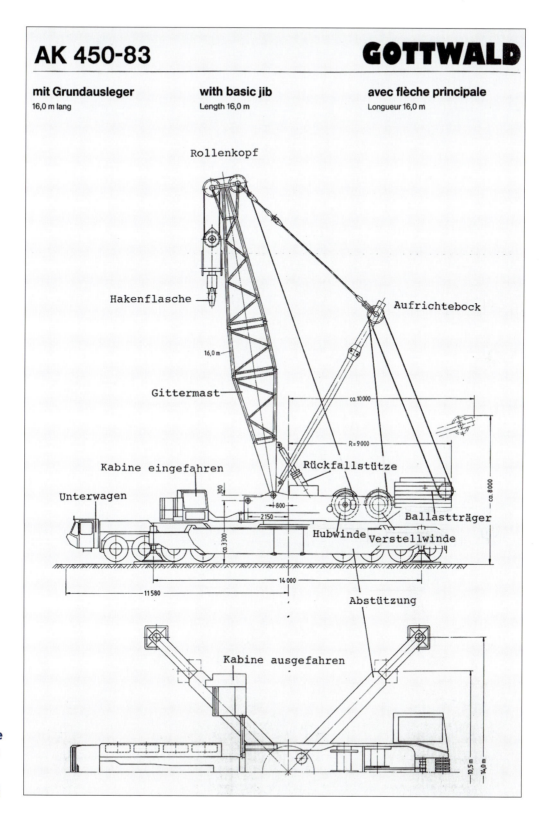

Kranskizze AK 450-83 (Skizze Gottwald)

KRANE

Wieder Gottwald AK 450 mit A-Böcken und Wippspitze. Demontage einer Eisenbahnbrücke in Mannheim. (Foto Bracht/Bublitz)

weil er ja immer mit dem Kranoberwagen verbunden ist.

Die auf den Teleskopzylinder aufgesetzte Wippspitzenkonstruktion ist natürlich ebenso gefährdet wie beim Gittermast. Eine Rückfallsicherung hält den Aufbau stabil. Die Rückfallsicherung, das sind Hydraulikzylinder, die den Gittermast zum Oberwagen und die A-Böcke zum Mast hin abstützen.

Rechts: Rückfallstützen an der Wippe eines Liebherr LG 1550. (Foto Bergerhoff)
Unten: Mechanisch-hydraulische Rückfallstütze am Liebherr LG 1200. (Foto Bergerhoff)

KRANE

Spektakuläre Einsätze

Die von den Amerikanern 1950 an die Berliner übergebene Freiheitsglocke (Kopie der amerikanischen »Liberty Bell«) hatte einen Riss. Zur Instandsetzung musste das zehn Tonnen schwere Glöckchen aus dem Turm des Schöneberger Rathauses geholt und auf einen Tieflader gesetzt werden. Die ganze »Operation« erinnerte stark an die heute oftmals praktizierte »Schlüsselloch-Chirugie«. Das Kranunternehmen Stoppel, es hat den Ausbau und den Transport gesponsert, führte mit Liebherr LTM 1160 das Messer. Mit Gittermastspitze und Klappspitze konnte die Glocke samt Aufhängung von außen aus dem Glockenstuhl geholt werden. Nach vier Monaten und 400.000,– DM war die Glocke wieder da und konnte vom Kran in den Glockenstuhl eingefädelt werden. Am 10. Mai 2001 zur Mittagsstunde schlug sie wieder

Rechts: Das ist die Friedensglocke. (Foto Stoppel)

Vorbereitungen zum Abholen der Glocke aus dem Schöneberger Rathaus. (Foto Stoppel)

Hakenflasche

Hakenflasche.

Damit ist die Verbindung zwischen Kranseil und Last gemeint. Am Unterteil ist der entsprechend ausgeformte Haken dreh- und kippbar befestigt. Auf der Welle im Oberteil laufen die Seilscheiben, über die nach dem Flaschenzugprinzip das Seil eingeschert wird.

Hakenflasche des Demag CC8800 (Foto Demag)

Unten: Hakenflasche des Liebherr LR 1600/1. (Foto Steckemetz)

KRANE

Bergekran

Es geht um die Bergung derer, die vom rechten Weg abgekommen sind.

Der Gesetzgeber schreibt für bestimmte Abschleppfuhrparks mindestens einen 35to-Kran vor. Im Abschlepp- und Bergegeschäft ist allerdings mit diesem Gerät nicht das Geschäft des Jahrhunderts zu machen. Setzt man auf Kranvermietung, wird man feststellen, dass Krane dieser Größenordnung reichlich vorhanden sind.

Man müsste…? Genau, eine Kombination aus Kran, Bergepanzer und Abschleppwagen, das wär's! Manchmal gehen Träume in Erfüllung: Ein vierachsiges AT-Kranfahrgestell von Faun mit der Antriebsformel 8x6 (acht Räder, sechs davon angetrieben), 8x8 zuschaltbar, wurde für den Abschlepp- und Kraneinsatz modifiziert.

Die vordere Abstützung ist hydraulisch ausschiebbar, die hintere Abstützung hydraulisch ausklappbar. Für die Fortbewegung und den nötigen Druck der Abteilung Oberwagen sorgt ein Sechszylinder 290 kw/390 PS Daimler-Diesel. Nachgeschaltet ist ein automatisch schaltendes 12-Gang-Getriebe.

Zwei Winden sind vorhanden: 7,5 to Zugkraft über den aufgestellten Ausleger, 20 to über die Bergewinde am Fahrgestell. Zur Aufnahme des Havaristen gibt es am Fahrzeugheck einen Un-

Aufrichten und Abschleppen eines Sattelzuges. Über den BKF-Kran wird die Sattelzugmaschine aufgerichtet. Der Hilfskran sichert den Auflieger. (Foto Faun)

Bergekran

Bergen eines Turmdrehkranes. Während der Hilfskran den Havaristen vor dem seitlichen Abkippen bewahrt, wird er mit der Bergewinde aus der Böschung gezogen. Bei einem Verankerungspunkt im Gelände wäre die Bergung auch ohne Hilfskran möglich gewesen. (Foto Faun)

terfahrlift (Abschleppbrille). Der Aufnahmevorgang wird durch die hydraulische Ausschubmöglichkeit des Tragarmes vereinfacht. Wenn die Vorderachse des Havaristen in der Brille befestigt ist, kann der Abstand zum Schleppfahrzeug eingestellt werden. Der Tragarm ist unter Last verfahrbar.

Die Vorführeinsätze bei der Bundeswehr haben das ganze Leistungsspektrum gezeigt. In der Kombination Kranarm mit den beiden Winden war es möglich, umgestürzte Fahrzeuge ohne Hifskran aufzurichten. Da im Dualzug der abgesackte Havarist gleichzeitig angehoben (Kranwinde) und gezogen wird (Bergewinde), gräbt er sich nicht mehr ein.

Bundeswehr auf der Brille. Durch den Kippzylinder des Unterfahrliftes kann der Havarist soweit angehoben werden, daß auch die zweite Vorderachse frei hängt. (Foto Faun)

KRANE

Spektakuläre Einsätze

Diesen wirklich nicht alltäglichen Job führte 1994 die Firma Schmidbauer durch. Anfang November 1994 explodierte im STEAG-Kraftwerk Lünen durch eine Kohlestaubverpuffung der Kesselblock 3. Die Firma Schmidbauer und einige andere Firmen wurde um die Ausarbeitung eines Konzeptes für die Durchführung der Sicherungs- und Bergungsarbeiten gebeten. Hauptaufgabe war es, die etwa 350 Tonnen schwere Kesseldecke, die nach der Explosion nur noch an zwei Stützen hing, um etwa einen halben Meter anzuheben, um neue Stützen darunter zu bauen. Das Problem bestand darin, einen geeigneten Standplatz für den Kran zu finden. Um von außerhalb an die Unfallstelle zu kommen, hätte man einen Kran von der Größe Demag CC12000 gebraucht. Die anderen Firmen hielten die Aufgabe für unlösbar und lehnten ab. Nicht so Schmidbauer. Das Planungsteam wählte einen 32 x 40 Meter großen Innenhof als Kranstandplatz. Als Hebegerät wurde der Gottwald AK 850 mit 850/1100 to Tragkraft ausgewählt. Maxiliftausrüstung, 43 Meter Gegenausleger und 89 Meter Hauptausleger. Nachdem die Firma Schmidbauer den Auftrag erhalten hatte, galt es, den Kran im Innenhof aufzubauen. Zuerst musste der Liebherr LTM 1800 im Innenhof aufgebaut werden, der die Montage des 850 durchführte. Vier weitere Telemastkrane unterstützten den Aufbau.

So sah es nach dem großen Knall aus. (Foto Thum)

Bergekran

Der AK 850 ist aufgebaut, rechts der LTM 1800. Im Hintergrund liegt schon ein Teil der Schwellen für die Verschiebebahn. (Foto Thum)

Normalerweise baut man einen Gittermastkran auf dem Boden zusammen und zieht ihn dann über Aufrichtebock und Gegenausleger hoch. In diesem Falle mussten die teilweise vormontierten Auslegerteile von den Hilfskranen an den 850 weitergereicht werden. Der Hauptausleger mit fertig eingescherter Hakenflasche hing am LTM 1800, die Gitterstücke wurden von unten angeschraubt. Nun konnte der Kran, wo er aufgebaut wurde, nicht stehen bleiben. Auf eine Verschubbahn der Fa. Mammoet wurden die Kranabstützungen aufgebockt. Die Verschubbahn ist einem Eisenbahngleis mit Rollschuhen vergleichbar. So konnte der Kran in die hintere Ecke des

121

Der AK 850 steht schon teilweise auf den Rollen der Verschiebebahn. (Foto Thum)

Innenhofes geschoben werden. Nach zweiwöchiger Aufbauzeit war der AK 850 hubbereit. Mit einer eigens dafür gebauten Traverse wurde die Verbindung zwischen Kran und Kesseldecke hergestellt. Die Decke wurde um 55 Zentimeter angehoben, dann konnte der LTM 1800 die verbogenen Träger und Stützen entfernen und neue Stützen einbauen. Der eigentliche Kraneinsatz dauerte 14 Tage, rund um die Uhr. Der Abbau dauerte wieder zwei Wochen.

Blick von oben in den engen Hof. Der 850 AK steht, soweit es ging, in der Ecke. (Foto Thum)

Raupenkran – er bringt seine Straße mit.

Neben den Autokranen gibt es noch eine andere, höchst interessante Gattung von mobilem Kranfahrzeug: der Raupenkran. Der Gummikran ist die »flotte Biene«, die schnell irgendwo einen Job ausführt. Sie ist schon wieder davon geflattert, bevor der Raupenkran überhaupt komplett aufgebaut werden konnte. Und weil das Zeit und damit auch Geld kostete, wollte ihn in Deutschland niemand so recht haben.

Ja, bis die Windräder kamen …!

Um einen ganzen Windpark aufzustellen, musste die »flotte Biene« für jede Montage ab- und wieder aufgerüstet werden. Der Raupenkran hatte seine Abstützbreite immer bei sich. Er konnte unter Last durch den Windpark »düsen«, und da konnten ihn auch kleine Steigungen nicht aufhalten.

Zu Anfang der Windradzeit haben die Kranverleiher Telekrane mit allem Zubehör eingesetzt. Die Ökostromlieferanten wurden aber immer schwerer und höher. Auch wurden keine einzelnen Windräder mehr in die Landschaft gestellt, sondern in Windparks zusammengefasst. Je mehr man rechnete, um so länger wurde die Vorteilsliste für den Raupenkran. Durch die große Fläche der Bodenplatten auf den Raupenketten beträgt die Bodenpressung nur ein Fünftel dessen, was die Räder des Telekranes

Sennebogen Raupenkran bei der Lastprobe. (Foto Sennebogen)

KRANE

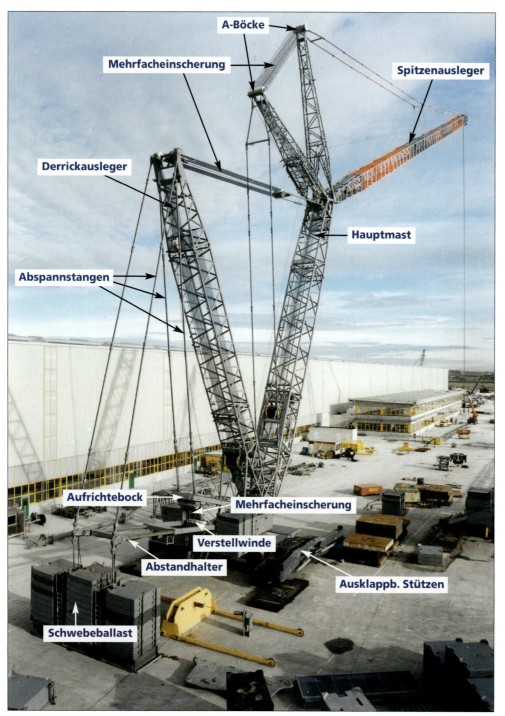

Wie kommt der Mast hoch? In der Ausgangsposition zum Aufrichtevorgang liegen Derrick, Hauptmast und Spitzenausleger auf dem Boden. Die Verstellwinde zieht über den Aufrichtebock als Hilfskran den Derrickausleger hoch. Die Abspannung wird am festgesetzten Schwebeballast verankert. Der festgesetzte Derrick dient jetzt als Ankerpunkt, um den Hauptmast anzuheben. Während des Vorganges vergrößert sich der Abstand der A-Böcke zueinander, der Spitzenausleger rollt hinter dem Hauptmast her. Steht der Hauptmast, holen die A-Böcke den Spitzenausleger ein. »Mehrfacheinscherung« bedeutet immer: Viel Kraft, wenig Weg. (Foto Liebherr)

Raupenkran – er bringt seine Straße mit

Der Liebherr-Raupenkran LR 11200 mit Derrick und Schwebeballast bei der Lastprobe. (Foto Liebherr)

Der LR 11200 mit Wippspitze schwenkt einen Seilbagger über das Tal. (Foto Liebherr)

ausüben. Und wegen des geringeren Platzbedarfes an der Montagestelle reduzieren sich für den Windparkbetreiber die Wegekosten erheblich. Im Aufbau sind beide Kranarten gleich, natürlich abgesehen vom Unterwagen.

Spektakuläre Einsätze

Die Montage einer Windkraftanlage auf der grünen Wiese birgt schon eine Menge Überraschungen. Die Montage dieser Windkraftanlage in Kempten war eine gute Mischung aus allen möglichen Problemen! Nicht nur die komplette Windkraftanlage musste über Spitzkehren auf den Berg gebracht, auch Kran und Ausleger mussten in die enge Baustelle gequetscht werden.

Rechts: Es herrscht ein ganz schönes Gedränge auf der Baustelle, Krane, Kranzubehör, Dänentieflader mit Windkraftzubehör, Traktoren, die die Karren wieder aus dem Dreck ziehen. Man hatte es nicht erwartet, aber es fand sich doch noch ein Plätzchen für den Kran! Und dann heißt es: Hoch hinaus! (Foto Liebherr)

Das Laufwerk des Kettenfahrzeuges.

Betrachten Sie die Kette als eine unendliche Straße, auf der sich, wie eine Zahnradbahn, die Maschine bewegt. Die unendliche Straße ist nicht der Länge nach ausgelegt, sondern Anfang und Ende sind miteinander verbunden. Im Laufrollenrahmen befindet sich vorn das Leitrad und hinten das Antriebsrad. Die Antriebsräder werden hydrostatisch angetrieben. Hydrostatisch bedeutet: Irgendwo wird durch eine Hydraulikpumpe Druck erzeugt, der über das Geschwindigkeitsregelventil an die Hydromotoren im Antriebsrad geleitet wird.

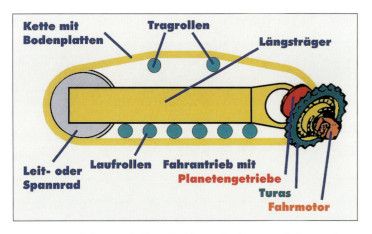

Schematischer Aufbau des Raupenfahrwerkes. (Grafik Liebherr)

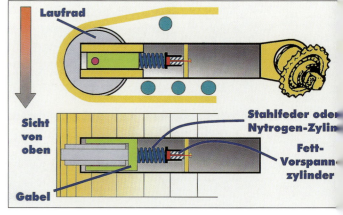

Spannvorrichtung für die Raupenkette. (Grafik Liebherr)

Das Laufwerk des Kettenfahrzeuges

Raupenfahrwerk des Liebherr LR 1140. Die aufgeschraubten Bodenplatten sorgen für eine große Standfläche. (Foto Liebherr)

Unten: Skizze des Liebherr-Raupenkranes LR 11200.

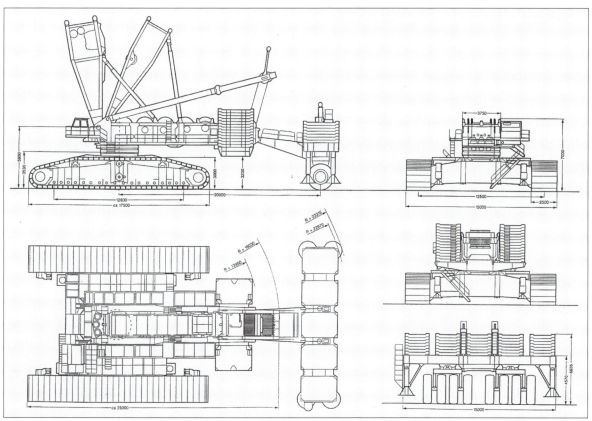

KRANE

Spektakuläre Einsätze

Im Kraftwerk Tschkopau bei Leipzig heben ein LTM 1800 und ein Raupenkran Liebherr LR 1500 im Tandemhub eine Bandbrücke ein.

Bandbrückenmontage. (Foto Schmidbauer)

An der Unterseite des Laufrollenrahmens befinden sich Rollen, die das Gewicht der Maschine und der Ladung gleichmäßig auf die Straße (Kette) übertragen. Zwei oder mehr Stützrollen an der Oberseite des Laufrollenrahmens verhindern, dass die Kette auf dem Laufrollenrahmen schleift. Eine hydraulisch betätigte automatische Kettenspannvorrichtung verändert bei Bedarf den Abstand zwischen Leitrad und Antriebsrad. So kann die Kette nicht von der Rolle laufen. Führungen unten am Laufrollenrahmen zeigen der Kette auch in Extremsituationen, wo es langgeht. Auf die Kettenglieder werden die verschiedenen Bodenplatten geschraubt.

Für den Einsatz auf wenig tragfähigen Böden müssen die Bodenplatten breiter sein und eine andere Oberfläche haben als für Einsätze auf felsigem Untergrund. Allerdings beeinflussen die Abmessungen der Bodenplatten die Wendigkeit der Maschine. Breite Bodenplatten etwa erfordern wegen der größeren Bodenhaftung erheblich höhere Lenkkräfte. In dieser Beziehung sind die Anforderungen an Laufwerke für Krane wie Dozer ziemlich gleich. Bei den Bodenplatten scheiden sich die Geister. Ein Kran rollt auf den Bodenplatten von A nach B, ohne dabei sonderlich große Kräfte zu übertragen. Er bewegt sein eigenes Gewicht. Der Dozer muss aber Arbeit leisten, darum sind die Bodenplatten des Dozers so geformt, dass sie sich in den Boden krallen können.

Raupenkrane im Einsatz

Raupenkrane sind zwar nicht so »flink« – wobei das natürlich relativ ist – wie Autokrane, gehören aber dennoch in die Kategorie der Mobil-

Raupenkrane im Einsatz

Zwei Demag CC 2800 händeln die Traverse einer Dachkonstruktion. (Foto Donges Stahlbau)

krane. Während aber den Gummikranen dank ihrer Räder noch etwas Autoähnliches anhaftet, wirken die Kollegen mit den Ketten viel spektakulärer. Der Eindruck trügt, wie oben beschrieben, unterscheiden sich die beiden Krangattungen gar nicht so sehr. Und ihr Einsatzspektrum ist wo möglich noch vielfältiger, wie die folgenden Beispiele beweisen.

Bock tot, Demag hilft!
Ein Sturm zerstörte den 1000-Tonnen-Bockkran der Odense Steel Shipyard. Die Werft, auf der die weltweit größten Containerschiffe gebaut werden, geriet in arge Bedrängnis, die Produktion drohte zu stocken.

Mammoet-Stoof stellte daraufhin vier Demag-Gittermastraupenkrane, zunächst einmal für ein Jahr, zur Verfügung. Der fast fabrikmäßige Ablauf auf der Werft konnte weitergehen.

Bei der Montage arbeiten je zwei 600-Tonner-Raupenkrane im Tandemhub zusammen, um die zwischen 300 und 500 Tonnen wiegenden Module in Position zu bringen. Jedes Schiff besteht aus 132 Modulen. Alle elf Monate verlässt ein fertiges Schiff das Dock.

Wollen mal sehen, was er bringt!
Um in der Raffinerie in Schwedt/Oder einen 520 Tonnen schweren Reaktor einzuheben, war das Felbermayr-Team aus Oesterreich mit dem neuen Liebherr Raupenkran LR 1600/1 angerückt. Nach kurzer Aufbauzeit vor Ort war der Raupenkran,

Links: Der Demag CC 2800 hebt einen Teil einer Brücke ein. (Foto Donges Stahlbau)

Unten: Gottwald-Universal-Geländekran in Verbindung mit einem Caterpillar-Triebkopf. (Foto Bergerhoff)

Raupenkrane im Einsatz

Vier Demag Raupenkrane CC 2800 sind beim Bau der Containerschiffe im Einsatz. (Foto Demag)

Oben: Bei der Montage arbeiten jeweils zwei Raupenkrane im Tandemhub zusammen, um die 300 bis 500 Tonnen schweren Module zu positionieren. (Foto Demag)

Links: Das Herz des Liebherr-Raupenkranes LR 1400 (Oberwagen und Mittelteil des Unterwagens) wird angeliefert, aber nicht »in den Sand gesetzt«. (Foto Liebherr)

Raupenkrane im Einsatz

Rechts: 547 Tonnen am Haken! (Foto Liebherr)

ausgestattet mit 56-Meter-Hauptausleger mit wippbarer Spitze, 31,5 Meter langem Derrickausleger und dem Ballastwagen, einsatzbereit. Zunächst wurde der auf einem Selbstfahrer mit Kippgestell transportierte Reaktor in die senkrechte Lage aufgerichtet und bei einer Kranausladung von 16 Metern aufgenommen. Die Bruttolast betrug dabei 547 Tonnen. Der mit 350 Tonnen beladene radial teleskopierbare Ballastwagen konnte während des Hubes von 15 auf 18 Meter Radius nach hinten ausgefahren werden. So wurde das Gegenmoment angepasst. Der Reaktor hatte einen Durchmesser von fünf Metern. Mit 350 Tonnen Derrickballast, 95 Tonnen Zentralballast und 220 Tonnen Drehbühnenballast war der Kran austariert.

Was für ein Theater!

Der Hamburger Hafen war Schauplatz eines spektakulären Kranhubs, der von den Teams der Kranverleihfirmen Mobile Hubtechnik und Grohmann Attollo, beide aus Berlin, bewerkstelligt wurde. Für das Theaterzelt gegenüber den Landungsbrücken, das für das Musical »Der König

KRANE

Anbau der Raupenfahrwerke. (Foto Liebherr)

Es waren hauptsächlich die beengten Platzverhältnisse und die beachtliche Ausladung von fast 38 Meter, die den Einsatz des Liebherr-Raupenkranes LR 1400/1 erforderten. Weil fest installierte Kühlaggregate am Ort der Lastaufnahme im Wege waren, musste der Kran beim Schwenken der gewaltigen Last gleichzeitig verfahren werden.

Mit vierzehn Tiefladern rückten die Berliner Teams auf der Baustelle an. Nach nur eintägiger Aufbauarbeit war der LR 1400/1 mit 63 Meter Schwerlastausleger und 28-Meter-Derrickmast aufgerüstet und für das Anheben des Bühnenturmes mit insgesamt 178 Tonnen Zentral- und Drehbühnenballast betriebsbereit.

der Löwen« umgebaut wurde, musste der obere Teil des Bühnenturms eingehoben werden. Die 115 Tonnen schwere und teilweise verkleidete Stahlkonstruktion war zuvor neben dem Theaterzelt zusammengebaut worden und wartete nun im Rahmen des »Big Lift« auf ihren Einhub in das Zelt.

Nach dem Anschlagen des Hakengeschirrs ballastierte ein 160 Tonnen Mobilkran den Schwerlast-Raupenkran nach und nach mit insgesamt 180 Tonnen Schwebeballast, bevor dann der Bühnenturm mit den gewaltigen Abmessungen 21,5 x 12,5 x 15 Meter über der Kulisse

Raupenkrane im Einsatz

des Hamburger Hafens schwebte. Mit einer Bruttolast von 119 Tonnen am Haken wurde der Raupenkran nun zweimal um jeweils ca. 12 m verfahren, um den riesigen Kubus in 30 Meter Höhe um 180 Grad zu drehen und über dem Theaterzelt zu positionieren. Während der Stand-by-Mobilkran LTM 1160/2 die Schwebeballastpalette mit 240 Tonnen aufballastierte, wurde der Bühnenturm in einer Ausladung von 37,5 Meter exakt über vier Pfeilern positioniert. Der Schwebeballast war dabei hydraulisch auf die maximale Ausladung von 15 Meter ab Mitte Krandrehkranz ausgefahren. Insgesamt war der LR 1400/1 für diesen »Big Lift« mit 418 Tonnen Kontergewichten ballastiert und zu 100 Prozent seiner maximalen Hubkapazität ausgelastet.

Nun können sie wieder zu einander kommen!
Nachdem Statikprobleme und andere Kleinigkeiten für monatelange Verzögerung gesorgt hatten, stand endlich der Termin für das Einheben der 530 Tonnen schweren Bogenbrücke über den Main bei Kitzingen fest. Am Ostufer des Mains war die Brücke vormontiert worden.

Nachdem Gittermast und Derrick angebaut wurden, konnte die Mainbrücke eingehoben werden. (Foto Liebherr)

KRANE

Der Schwebeballastträger. (Foto Liebherr)

Der Liebherr Raupenkran LRD 1800 war in zweitägiger Arbeit aufgebaut worden. Das Platzieren der Brückenkonstruktion war Aufgabe des Teams der Firma Sarens, das mit einem Doppelponton am Rand des Mains wartete, um das eine Ende der Brücke aufzunehmen und über den Fluss zu transportieren. Zuvor musste der LRD 1800 der Firma Riga-Eisele das andere Ende der Brücke auf zwei achtachsige Selbstfahrer setzen. Für den Raupenkran und die beladenen Selbstfahrer war die Fahrbahn auf eine Tragfähigkeit von 50 to/m² verdichtet und am Ufer ein Betonfundament gegossen worden. Das gewährleistete dem Raupenkran mit seiner Abstützbasis von 12,6 x 10,8 Metern einen sicheren Stand. Ausgestattet mit einem 70 Meter langen Hauptausleger, dem 42 Meter langen Derrickausleger und Schwebeballast, ging nach dem Umsetzen um 120 Meter der 600 Tonnen schwere Kran am anderen Ende der stählernen Autobahnbrücke zur Sache.

Mit einer Bruttolast von 285 Tonnen am Haken wurde der Raupenkran um zehn Meter an das Mainufer verfahren. Die Brücke wurde auf eine Höhe von 15 Meter hochgezogen und auf die Stützkonstruktion des Pontons aufgesetzt. Die zunehmende Kranausladung machte eine ständige Ausballastierung des Schwebeballastes erforderlich. Bei der Ausladung von 34,5 Metern war der Kran mit 544 Tonnen ausballastiert. Während der Gewichtsübergabe an den Ponton wurde der Schwebeballast wieder reduziert, während zuvor geflutetes Wasser abgepumpt wurde, um den Ponton auf Niveau zu halten.

Raupenkrane im Einsatz

Am nächsten Tag kam die eigentliche Feinarbeit, die Einhebung der Brücke. Zunächst zog der Ponton die Brücke über den Main. Der Kran nahm dann das andere Brückenende von den Selbstfahrern an den Haken. Am gegenüber liegenden Mainufer leistete während dessen das Sarens-Team mit Seilwinden ganze Arbeit. Als die Stabbogenbrücke exakt über den Brückenpfeilern hing, wurde der Ponton geflutet und abgesenkt.

Ganz schön schwer!
Am Anfang und Ende eines wahrhaft »beschwerlichen« Transportes von 600 Tonnen über 40 Kilometer in fünf Tagen stand jeweils ein spektakulärer Kranhub mit dem neuen Liebherr LR 1600/1 der Firma Riga-Eisele. Ein 450 Tonnen schwerer Reaktor zur Dieselentschwefelung musste von Mannheim nach Neustadt zur Bayernoil transportiert und dort eingehoben werden. In Mann-

**Der 450 to schwere Reaktor wird von den Selbstfahrern in das Binnenschiff ...
(Foto Ralf Willi Wilhelm)**

... geladen. Der Liebherr-Raupenkran LR 1600 hebt den Reaktor mit einer speziellen Traverse. (Foto Ralf Willi Wilhelm)

Für den Aufstellvorgang wurden Hakenflasche und Transportöse mit einer Lasche verbunden, dann stellte der LR 1600 den Reaktor senkrecht. (Foto Liebherr)

heim wurde der Reaktor mit LR 1600/1 von den Selbstfahrern in ein Binnenschiff verladen. Dazu war der Liebherr-Raupenkran mit 35-Meter-Hauptmast und Derrickausleger ausgerüstet. Bei einer Ausladung von 13,4 Metern waren 565 Tonnen Ballast erforderlich. Der Raupenkran war für diesen Einsatz erforderlich, da der Kran mit dem Reaktor am Haken bis an den Hafenrand verfahren werden musste, um ihn in das Schiff zu verladen. Zuvor war der Hafenrand mit Lastverteilungsplatten ausgelegt worden.

Nach einer Woche Fahrt über Rhein, Main, Donau kam das Binnenschiff mit Reaktor, Selbstfahrern, Kranballast und Spezialtraverse in Kehlheim an. Der schon bereit stehende Raupenkran verlud den Reaktor auf die Selbstfahrer. Über die jetzt anstehende Fahrt wird noch an anderer Stelle zu berichten sein. Den Abschluss bildete der Einhub des Reaktors auf dem Raffinerie-Gelände in Neustadt.

Gittermast mit kurzer Nase
Auf den Höhenzügen des Lippischen Berglandes in der Nähe der Stadt Lügde sollte ein Windpark mit vier Anlagen entstehen. Der Liebherr LR 1600/1 der Firma KVN GmbH & Co. KG aus Osnabrück sollte hier beweisen, dass es möglich ist, mit einem voll aufgerüsteten Raupenkran von Turm zu Turm zu fahren. Der über 100 Meter lange Hauptausleger hatte anstelle einer Wippspitze nur eine kurze Mastnase. Inklusive Ballast war der Kran rund 500 Tonnen schwer. Die Überlandfahrt verlief nicht so ganz problemlos, es musste schon mal mit Fahrbahnmatten nachgeholfen werden. Die Schwerpunktverlagerung vermittels der Stellung des Hauptmastes war ebenfalls erforderlich. Die Fahrt zwischen den Einsatzstellen hatte etwa eine halbe Stunde gedauert.

KRANE

Krane für alle Gelegenheiten

Nicht überall, wo es etwas zu heben oder punktgenau abzusetzen gilt, finden Bauunternehmer oder Architekten freundlicherweise festen Grund unter den Füßen – respektive Rädern oder Ketten. Dann schlägt die Stunde der Spezialkonstruktionen. Krane dieser Art kommen ohne Fahrwerk auf die Baustelle, auch weil der Kran zu groß oder die Baustelle zu eng ist. Gewiss, Kran und Ausleger funktio-

Unten: Liebherr LR 1600/1 als Pedestal-Crane. Bei diesem Einsatz wurde die Pedestal-Variante gewählt, weil beim Bau dieser Windkraftanlage nur ein Standpunkt gebraucht wurde und somit die Transportkosten für Raupenfahrwerke und Ballast nicht anfielen. Am Tiefladerende sehen Sie die Anbolzträger für den Kranunterwagen. (Foto Kran-Magazin)

Pedestal-Cranes – die Dame ohne Unterteil

nieren nach denselben Prinzipien, die Physik und die Wissenschaft vom richtigen Ballastieren gelten auch hier. Doch wenn die Baustelle etwa aus nur einem Brückenpfeiler im Rhein besteht, sind andere Lösungen gefragt – zum Beispiel Pedestal-Krane.

Pedestal-Cranes – die Dame ohne Unterteil.

Ein solcher Kran ohne Fahrwerk kann zum Beispiel an dem schon stehenden Teil eines Bauwerks verankert werden. Ist keine Verankerungsmöglichkeit vorhanden, muss die Stabilität des auf seinen Abstützungen stehenden Krans durch Zenralballast und Drehbühnenballast hergestellt werden. Der Einsatz eines so genannten Pedestal-Kranes kann allerdings auch erforderlich werden, wenn der Untergrund nur an ganz bestimmten Stellen belastet werden kann oder darf – wie das etwa bei Bauwerken auf dem Wasser der Fall ist.

Platform Twin Ring Containerized Crane
Ein Kran kann aber auch auf Grund seiner Masse zum Pedestal-Crane werden. Das ist etwa beim Platform Twin Ring Containerized Crane der Fall. Hier ist mit viel Ingenieurwissen, Stahlbaukönnen und noch mehr Erfahrung ein Universalgerät entstanden, das mehr kann als »nur« 2000 Tonnen heben: Schon allein wenn der Name PTC fällt, bekommen wir Kranfans feuchte Augen – ein Verdienst des »T« in der Mitte.

Der PTC mit Doppelmast und Derrick. (Foto Mammoet)

KRANE

Ansicht von vorn links: PTC mit Doppelmast und Wippspitze. (Foto Mammoet)

Ansicht von hinten: Sie sehen den doppelten Derrick und das gewaltige Ballastpaket. (Foto Mammoet)

Links, hinter der Treppe, unter der Kranfahrerkabine hängt der 20 fth-Container, in dem die benötigte Energie bereit gestellt wird. Jede Ballastplatte wird zur Herstellung der Transportbehälter verwendet.
(Foto Mammoet)

Rechts: Der PTC steht fest auf seinen vielen großen Füßen. So kann der Kran waagerecht ausnivelliert werden. An jeder der vier Ecken übertragt ein selbstfahrendes Drehgestell die Kraft und die Last auf den Ring. Rechts unter der Kranfahrerkabine ist der Energiecontainer zu sehen. (Foto Mammoet)

Links: Der vormontierte Unterwagen wird mit Ring auf Selbstfahrern zum Einsatzort gebracht. Die Aufrichteböcke sind schon aufgestellt. (Foto Mammoet)

Die Selbstfahrer haben den Kran aufgenommen. (Foto Mammoet)

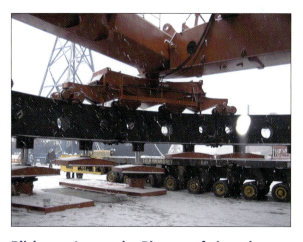

Blick vom Innern des Ringes auf eines der selbstfahrenden Drehgestelle. (Foto Mammoet)

KRANE

Der neue Demag CC8800. (Foto Demag)

Denn »T« steht für »Twin«, und das wiederum weist auf den doppelten Hauptausleger hin. Getestet wurde der Kran mit dem längsten Hauptausleger und festem Hilfsausleger – er war stattliche 120 Meter hoch.

Der PTC ruht im Betriebszustand auf einem Ring von 21 Metern Durchmesser. 36 Hydraulikstützen verteilen das Gewicht auf den Boden. Die Kranplattform besteht aus zwei Längsträgern. Je ein Vorder- und Hinterträger bilden die Querverbindung, unterstützt von einigen Zwischenrahmen. Diese Konstruktion rollt mit vier selbstfahrenden Drehgestellen auf dem Ring.

Das Einsatzgebiet eines Giganten dieser Größe kann man nur mit dem Globus festlegen. Bedeutet: Der Kran muss sich in genormte Kisten verpacken lassen, die weder von den Abmessungen noch vom Gewicht her irgendwo anecken.

Tut der PTC auch nicht! Alle Baugruppen lassen sich in handliche 20 und 40 fth Pakete verpacken. Das Verpackungsmaterial sind übrigens die Kranteile selbst, alles ist wieder zu gebrauchen. Wie Sie das Material auch packen – immer wird ein Container mit genormten Abmessungen daraus, nicht schwerer als 30,4 to, aufgeteilt auf insgesamt 44 Stück 20 fth und 40 Stück 40 fth Container: Wie gesagt, dank der genormten Maße und Gewichte gibt es damit keine Transportprobleme.

Wenn alle Module und Einzelteile nach Vorschrift gepackt wurden und die vorgegebene Reihenfolge der Transporteinheiten eingehalten wird, gibt es keinen Stau bei der Ankunft auf der Baustelle. Wen dieser Kran interessiert: Video »Schwerlasten«, Eurospeed Video, Postfach 1326, 58403 Witten.

Marino Cranes CC8800

Neben dem PTC von van Seumeren gibt es inzwischen weitere Großkrane, die sich auf Containermaße und -Gewichte zerlegen und transportieren lassen. Nur dann besteht eine Chance auf dem weltweiten Markt. Salopp gesagt: Wie lang der Zug der Transportfahrzeuge wird, ist nicht Ausschlag gebend, wichtig ist nur die Einhaltung der vorgegebenen Maße und Gewichte. So gesehen mag es stimmen, was Mr. Marino von Marino Cranes aus Middletown/USA sagte: Der Kran (CC8800) wird das gesamte Heavy-Lift-Geschäft in den USA revolutionieren. Besonders positiv wird von Nutzerseite bewertet, dass die Aufbauzeit nur zwei Tage betragen soll. Wie beim PTC wird auch beim CC8800 in einem 20fth-Container die Kraft erzeugt und dann über Schläuche mit Schnellkupplungen an die Verbraucher weiter gegeben.

Hafenmobilkran – Schwer mit den Schätzen des Orients beladen.

In großen Häfen gibt es die auf Schienen laufenden Bockkrane, die großen Containerbrücken. Von den Schätzen des Orients bekommt man nur selten etwas zu sehen. In mittleren und kleinen Häfen ist es interessanter. Selten sind feste Krane anzutreffen.

Das »Mädchen für alles« ist oftmals ein Hafenmobilkran: Er bewegt Container, holt Schrott und Holzschnitzel aus den Laderäumen, nimmt schwere Stückgüter an den Haken. Dank seines Konzeptes ist er wieselflink und kann unter Last verfahren.

KRANE

Spektakuläre Einsätze

Der erste Job.
Die Großbaustelle Rheinquerung A44 im Norden von Düsseldorf war das erste Ziel des von Liebherr neu entwickelten Raupenkrans LR 1600/1 in der Version als Pedestal Crane. Beim Setzen von Pylonen auf den Vorlandbrücken wurden die Vorzüge der neuen Technik sichtbar. Da die Druckpunkte zentimetergenau vorgegeben waren, hätte der Kran dort mit Raupenketten nicht arbeiten können. Den ersten Job des neuen Krans steuerte Herr Uwe Langer, Chef des Mainzer Kranunternehmens Riga, persönlich.

Begeistert war das Team aus Mainz vom einfachen Handling beim Aufbau des LR 1600/1. »Ohne einen Hammerschlag« war der 600-Tonner – obwohl Erstmontage –, innerhalb eines Tages fertig montiert worden! Das Raupenmittelteil mitsamt der Drehbühne wurde auf die Brücke gefahren, wo es dann mit Hilfe der integrierten Zentralabstützung abgeladen und ausgerichtet wurde. Wo früher der Einsatz eines Hilfskranes notwendig war, setzte sich jetzt der LR 1600/1 selbst die jeweils 30 Tonnen schweren Abstützungen beidseitig an. Bei diesem Einsatz arbeitete der Kran in der »Pedestal Crane« Version mit einer Stützbasis von 12,6 x 12,6 Metern und bot damit eine deutlich größere Abstütz-

Der neue Kran, blitzblank, ist aufgestellt und die Arbeit kann beginnen. (Foto Liebherr)

Pedestal-Cranes – die Dame ohne Unterteil

basis im Vergleich zu den 8,8 x 12,6 Metern als Raupenkran. Der Kranfahrer lobt die Verbolzung über Funkfernsteuerung. Diese Art der Hilfseinrichtung hat Liebherr für die Montage des Krans entwickelt.

Bei unebener Standfläche besteht die Möglichkeit, den Kran von der Krankabine aus nachzujustieren. Als einen besonders großen Vorteil des Raupenkranes nennt Uwe Langer die Möglichkeit, die Drehbühne um zwei Meter nach hinten zu verlängern. Durch die Verlängerung des Hebelarmes ergibt sich bei gleichem Ballast eine Leistungssteigerung von 30 Prozent. Bei dieser Variante kann der Einsatz der Derrickeinrichtung dann überflüssig werden.

Exakt über dem Brückenpfeiler positioniert, war der LR 1600/1 auch optisch gut im Bild. Ausgerüstet mit dem 56 Meter hohen Hauptmast und einem Gesamtballast von 245 Tonnen stellte der 600-Tonner die für die Arbeiten erforderliche Hubkraft zur Verfügung. Beim Setzen der 35 Meter langen Pylonstiele, die vor Ort zusammengeschweißt worden waren, hatte der Raupenkran eine Last von 300 Tonnen am Haken. Die Positionierung der Stiele bei einer Kranausladung von 13,5 Metern erforderte Millimeterarbeit.

Der Querträger ist eingehoben. An diesem Pylon wird ein Teil des Gewichtes der neuen Autobahnbrücke hängen. (Foto Liebherr)

147

KRANE

Kameraüberwachung der wichtigen Punkte. (Foto Liebherr)

Blick vom Ende des Oberwagens Richtung Gittermastlagerung. (Foto Liebherr)

Während der stählerne Träger in die Verschlosserung gesetzt und dort befestigt wurde, brachte ein Mobilkran LTM 1160/2 die beiden Hilfsstützen an dem schräg stehende Pylonteil an.

Knifflig – weil etwas eng – ging es beim Hub des rund 20 Meter langen und 156 Tonnen schweren Verbindungsträgers zu. Der mit Arbeitsgerüsten ausgestattete Querbalken musste zunächst auf eine Höhe von 30 Metern gezogen, zwischen Ausleger und Pylonstielen hindurchmanövriert und schließlich in die V-förmige Konstruktion eingesetzt werden.

Nach drei Tagen war die Brückenträger-Konstruktion auf der rechtsrheinischen Seite, die später einmal die gigantische Last von 24.000 Tonnen tragen soll, fertiggestellt. Am gegenüber liegenden Ufer wartete die selbe Arbeit noch einmal auf Mannschaft und Gerät.

Hafenmobilkran – Schwer mit den Schätzen des Orients beladen

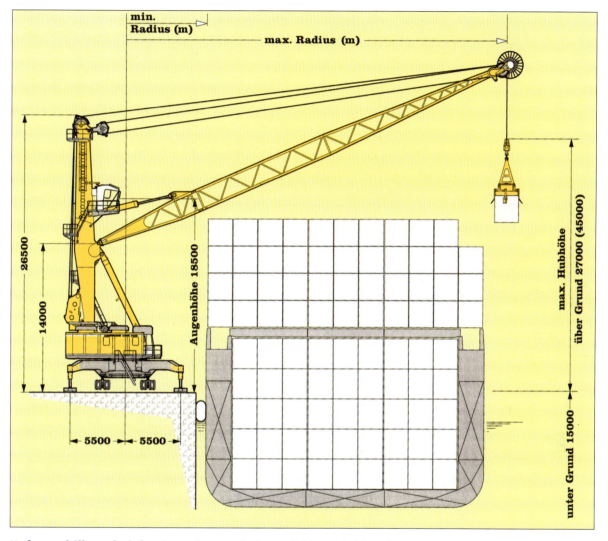

Hafenmobilkran bei der Containerverladung. (Skizze Liebherr)

Hafenmobilkrane dieser Bauart sehen manchmal etwas merkwürdig aus, betrachtet man sie durch die Autokran-Brille. Einsatzbedingt ist nämlich der feststehende Hauptmast entsprechend stabil ausgeführt. In seinem Innern führt eine Wendeltreppe auf die Plattform am Ausleger und in die Kranfahrerkabine. Am Hauptmast angeschlagen ist der Gittermastausleger mit verschiedenen Lastaufnahmemitteln.

Verantwortlich für das »wieselflink« der Hafenmobilkrane ist der Unterwagen. Stellen Sie sich ein Tiefladerfahrgestell mit sechs, Achsschenkel gelenkten Achslinien vor. Alle Radsätze sind gelenkt, fünf davon angetrieben.

Mittig auf dem Fahrgestell ist der Oberwagen mit dem Hauptmast gelagert. An der Hauptmastaufnahme im Fahrgestell sind die hydraulisch klappbaren Abstützungen angeschlagen. Der Kran kann durch den Hafen fahren, am Bestimmungsort klappt er die Abstützungen ab und fährt die Stützzylinder aus. Schon kann die Arbeit beginnen.

Eemshaven in den Niederlanden, den Butterfahrern unter Ihnen nicht unbekannt, hat vor einiger Zeit einen solchen Hafenkran Liebherr LHM 320 bekommen.

Links: Hafenmobilkrane bei der Arbeit.
(Foto Liebherr)

Unten: Der Aufbau des Kranunterwagens.
(Skizze Liebherr)

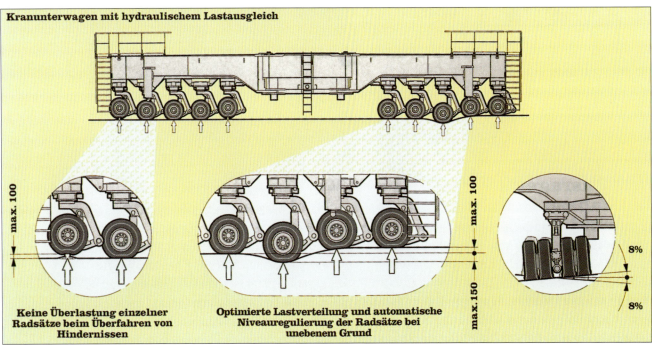

Schwimmkran – seit wann hat Wasser Balken?

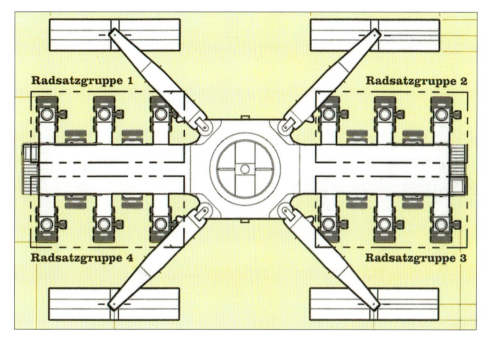

Draufsicht Kranunterwagen. (Skizze Liebherr)

Schwimmkran – seit wann hat Wasser Balken?

Ein Schwimmbagger ist eigentlich kein Schiff, sondern eher ein Ponton – großflächig mit geringem Tiefgang. Er verfügt über Fluttanks, Zellen genannt, die ihn durch ihre wahlweise Wasserfüllung stabilisieren.

Auf dem Kranponton »ATLAS« der Fa. Barthel & Sohn ist so ein Kran ohne Raupenfahrwerk montiert. Der Demag CC2000 ist über eine lösbare Verbindung kippsicher mit dem Ponton verbunden. Die verfügbare Auslegerlänge beträgt 48 Meter. Der Ausleger kann mit zwei zusätzlichen Nackenseilen am Ponton festgesetzt werden. Er trägt in dieser Stellung 300 Tonnen bei 15 Metern Auslage. Vier Verholwinden mit acht hydraulisch angetriebenen Seiltrommeln sorgen für präzise Bewegungen bei Verholvorgängen unter Last.

Ein Kranponton hat drei Betriebszustände:
1. Fahrbetrieb (An- und Abfahrten)
2. Kraneinsatz
3. Transportbetrieb

Wie Sie aus den Zeichnungen sehen, besteht so ein Ponton aus mehreren Einheiten. So wird durch die Verlagerung der Module aus dem behäbigen Kranarbeitsponton eine schlanke Rennyacht (beinahe jedenfalls), 84 Meter lang und 11,40 Meter breit. Denken Sie an das Modulsystem der Tieflader!

Diese Kranpontons haben einen unschätzbaren Vorteil: Durch ihren modularen Aufbau

151

Schwimmkran

und den geringen Tiefgang sind sie kanaltauglich. Für Einsätze können sich die Krane im gesamten deutschen Kanalnetz bewegen.

Im Fahrbetrieb werden die beiden Seitenpontons zusammen gekoppelt vor dem Hauptponton transportiert. Der Ausleger des Kranes liegt an Deck des Pontons. Die ganze Einheit wird mit einem Schubboot bewegt.

Für den Kranbetrieb muss die Fläche des Pontons vergrößert werden, aus der Rennyacht wird wieder ein Arbeitspferd. Der Ponton wird verbreitert, weil selten in der Länge stabilisiert werden muss; erst in der Breite kommt der Stabilisierungseffekt richtig zum Tragen. Die Seitenpontons sind über hydraulische Verbindungen kraftschlüssig mit dem Hauptteil verbunden. In diesem Fall ist der Arbeitsponton 42 Meter lang und 23 Meter breit

Die beiden Seitenpontons werden, zusammengekoppelt, als Transportponton eingesetzt. Auf einer Fläche von 10 x 11,40 Metern können so über 500 Tonnen transportiert werden.

Ein weiterer Schwimmkran ist das Hebeschiff »Grizzly«, ein selbstfahrender Hebebock mit ablegbarem A-Bock, wahlweise mit Spitzenausleger. Die Hebekapazität beträgt 200 Tonnen im Bock und 80 Tonnen im Spitzenausleger. Der »Grizzly« ist von seiner Bauart her ein Ponton, allerdings mit eigenem Antrieb über zwei Schottelantriebe. Bei Schottelantrieben ist der Propeller in das Ruder integriert, das ergibt maximale

Links: »Atlas«, ein Kranponton, und das Hebeschiff »Grizzly« verschwimmen eine Brücke. (Foto Barthel)

Oben: Schwimmkrane der Bugsier-Reederei heben die »Baltic Carrier«. (Foto Broux/Bugsier)

Drei Schwimmkrane der Bugsier-Reederei heben ein 1600 Tonnen schweres Schleusentor und bringen es in die Lindenau-Werft nach Kiel. (Foto Broux/Bugsier)

Wendigkeit. Auch der »Grizzly« ist kanalfähig, entsprechend ballastiert können Kanalbrücken bis vier Metern Durchfahrtshöhe passiert werden. Ballastiert bedeutet in dem Fall: Ein Großteil der Zellen wurden geflutet, um die Deckhöhe zu senken.

Das Hebeschiff ist im Fahrzustand »Gestreckt« nur 10,50 Meter breit. Dann sind die Seitenpontons am Heck des Schiffes neben einander zusammen gekuppelt.

In Arbeitsposition werden die Seitenpontons ausgeklappt und seitlich mit dem Hauptschiff verriegelt. Bei stark strömenden Gewässern ist eine 45-Grad-Stellung der Seitenpontons möglich, um die Pontonfläche zu vergrößern.

CargoLifter und AirCrane – Unterstützung aus der Luft.

Das »Leichter-als-Luft«-Prinzip mit einem fliegenden Kran wurde in Deutschland durch die Firma CargoLifter zum Thema. Nun ist der Lufttransport im Rahmen eines solchen Buches eher ein Randthema, aber dennoch so faszinierend, dass ich unbedingt darauf eingehen muss. Vor meinem geistigen Auge sah ich nämlich schon das fertige Haus an der Lastaufnahme des Transportluftschiffes hängen und beobachtete, wie nach Fixierung des Luftschiffes der Kran das Haus punktgenau auf das Fundament setzte.

So sollte der CargoLifter einmal aus der Montagehalle schweben! (Foto CargoLifter)

KRANE

Das ist die kleinere Version ohne eigenen Antrieb im geöffneten Tor der größten stützenfreien Halle der Welt. Größenvergleich: Unten rechts und links in den Ecken, die blau-roten Punkte, das sind die Mobilkrane der Fa. Brandt! (Foto CargoLifter)

CargoLifter: Der CargoLifter CL 160 ist ein 260 Meter langes Kiel-Luftschiff mit einer Tragkraft von 160 Tonnen. Es ist mit dem unbrennbaren Helium gefüllt und händelt die Lasten von der Luft aus mit dem im Kiel eingebauten Schwerlastkran.

Die produzierende Industrie wäre beim CargoLifter-Einsatz nicht mehr an genormte Transportbehältermaße gebunden. Eine freie Fläche von der Größe eines Fußballfeldes mit vier Ankerpunkten reicht für die Be- und Entladeprozesse aus.

Durch Turbinenantrieb bewegt sich der CargoLifter mit 90km/h fort. Auch die Richtungsänderung wird über Turbinen vorgenommen. Dabei war ja nicht nur das Luftschiff zu bauen, vielmehr musste zuerst einmal eine Montagehalle für ein solches Gerät entworfen und gebaut werden (360 Meter Länge, 210 Meter Breite, 107 Meter Höhe. Größte stützenfreie Halle der

Hubportal – macht hoch die Tür

Welt). Hier ging es um vollkommen neue Technologie und deren Verwirklichung braucht Zeit! Anfang Juni 2002 hat die CargoLifter AG allerdings Insolvenzantrag gestellt, so dass die Zukunft dieses revolutionären Konzeptes im wahrsten Sinne des Wortes in der Luft hängt.

AirCrane: Eine weitere Transportmöglichkeit nach der »leichter-als-Luft«-Technologie ist der CL 75 AirCrane. Die Transportkugel hat einen Durchmesser von 61 Metern und trägt in der Lastaufnahmebox 75 Tonnen. An den Anblick muss man sich erst gewöhnen: In die unter dem AirCrane hängende Transportbox ist ein zweiachsiger Liebherr-Mobilkran der Fa. Brandt eingefahren. Er wird verzurrt. Je mehr Ballastwasser abgelassen wird, umso höher steigt die Box mit dem Kran. Den jetzt frei schwebenden AirCrane mit Last können zwei Männer durch die Halle schieben!

Im richtigen Leben muss natürlich nicht der Vorstandsvorsitzende den AirCrane schieben. Je nach Einsatz kommen Hubschrauber oder Seeschiffe in Betracht.

Auf diesen rollbaren Füßen der Hebezylinder kann das Hubportal gering seitlich verschoben werden. (Foto Hu)

Hubportal – macht hoch die Tür

Ein weiterer Exote unter den Kranen ist das Hubportal. Er besteht auf den ersten Blick nur aus einer Ansammlung von übereinander gelegten Doppel-Trägern. Allerdings nur auf den ersten Blick! Bei genauerem Hinsehen sticht das geballte Stahlbau-Ingenieurwissen ins Auge, die Steuer- und Nivelliereinrichtung ist Hi-Tech vom Feinsten!

Vier Dreifach-Hydraulikzylinder heben oder senken über die Querträger die Längsträger des

Der Lastverteilungsrahmen ist eingehängt. Zwischen den Seilen am Querträger, über dem »S«, sehen Sie den kleinen blauen Schreitzylinder. (Foto Hu)

KRANE

Die Bordwand des Schiffes ist für den Generator zu hoch, das Schiff wird geflutet. (Foto Hu)

Portales. Jeder Zylinder ist einzeln programmierbar, um eine waagerechte Grundeinstellung zu erhalten. Diese Grundeinstellung bleibt bei allen Hebe- und Senkvorgängen erhalten, bis die Programmierung geändert wird.

In den Steuerkonsolen ist für jeden Zylinder ein Joystick vorhanden.

Das ganze Hubportal kann in geringem Maße seitlich verschoben werden. Voraussetzung dafür ist ein entsprechend tragfähiger Unterbau. Das Unterteil des Hydraulikzylinderfußes ist rollbar; die Führung übernehmen auf die Schienen aufgeschweißte Rohre. Durch Bohrungen mit Steckstiften ist eine Arretierung möglich. Zur Verlängerung der Rollbahnen können weitere Schienenstücke angebolzt werden.

Die Ladungsträger sind leicht rollbar. Sie ruhen auf den Querträgern des Portals; Stahl-

Hubportal – macht hoch die Tür

Der Generator versinkt im Laderaum. (Foto Hu)

laschen und Seile halten das Ladegut. Das Portal ist jetzt so weit angehoben, dass die Ladung entsprechend verschoben werden kann.

Damit die gesamte Hubportaleinheit nicht in unkontrollierbare Schwingungen gerät, müssen die Bewegungsabläufe stetig, aber nicht ruckartig erfolgen. Die Ladungsträger mit anhängender Last werden durch einen relativ kleinen Schreithydraulikzylinder bewegt. Wenn die Kolbenstange ganz eingefahren ist, wird die Fußpunktbefestigung hydraulisch gelöst. Die Kolbenstange kann wieder ganz ausgefahren und der Fußpunkt hydraulisch verriegelt werden. Die Ladung lässt so um etwa einen Meter weiterschieben.

Wenn die Portalzylinder voll eingefahren sind, kann der Lastverteilungsrahmen abgesenkt werden.

KRANE

Die Zugmaschine und der Generatortransport verlassen das Werksgelände. (Foto Bublitz)

Grau ist alle Theorie – wie so etwas in der Praxis abläuft, zeigt das folgende Beispiel.

Im Kernkraftwerk Grohnde an der Oberweser musste ein 400 Tonnen schwerer Generator ausgewechselt werden. Der Transport des Generators zu Siemens nach Mühlheim erfolgte über ein flutbares Binnenschiff.

Auf einem 16-achsigen Tieflader (Plattformwagenkombination) wurde der Generator aus dem KKW zur etwa 800 Meter entfernt an der Weser liegenden Umladestelle gefahren. Den Umladevorgang vom Tieflader in das Binnenschiff übernahm das neue Greiner-Hubportal der Firma Wirzius-Schwermontage aus Hilden.

Zur Befestigung des Generators im Laderaum des Binnenschiffes und zur gleichmäßigen Lastverteilung diente ein Lastverteilungsrahmen, mit dem der Generator verschraubt wurde.

Für die Aufnahme des Generators musste zunächst das Ladegeschirr angepasst werden: Zusätzliche Laschen verbanden die endlosen Anschlagseilringe mit den Seilen der Ladungsträger. Die Anschlagseile hängen auf einem Regal, damit der Gabelstapler sie leichter aufnehmen kann.

Nachdem das Ladegeschirr fertig konfektioniert war, konnte der Generator!

Der Zugmaschinenfahrer und der Nachlenker (in diesem Falle Vorlenker) bugsierten den Tief-

Hubportal – macht hoch die Tür

lader passend unter das Hubportal. Dort wurde dann der Generator im Lastverteilungsrahmen übernommen – er schwebt!

Die Verschiebezylinder haben die Ladung in Richtung Bordwand des Binnenschiffes geschoben. Jetzt werden die Hydraulikzylinder des Portals hochgefahren, um den Generator über die Bordwand zu heben – Warnton! Die Elektronik hat die Hydraulikpumpen des Portals aus Sicherheitsgründen abgeschaltet. Die dritte Stufe der Hydraulikzylinder wird wegen des hohen Ladungsgewichtes nicht mehr ausgefahren. Dieser Zustand kam natürlich für das Transportteam nicht überraschend, schließlich kennt man sich mit Transporten dieser Art aus! Weil die Last nicht höher gehoben werden kann, muss die Bordwand, und damit das Schiff, weiter nach unten!

Das jetzt rollbare Hubportal übernimmt den Generator und senkt ihn zwischen den Schienen bis fast auf den Boden ab. So wird das gesamte Portal mit Last unter dem Hindernis durchmanövriert. Danach wird der Generator wieder auf Tiefladerniveau gehoben und verladen. (Foto Bublitz)

KRANE

Der Zwischenraum der doppelten Bordwand des Binnenschiffes wird geflutet. Zur Unterstützung der kleinen Schiffspumpe hilft die Feuerwehr des KKW. Da hat jemand die Idee, das Schiff schräg zu stellen. Kettenzug in die Bordwand einhängen, das andere Ende um den Poller schlingen und hebeln. Langsam senkt sich die Bordwand ab, irgendwann passt der Generator drüber.

Der Kapitän kam angesprintet: Sein Pkw stand quer auf dem Achterdeck. Durch die Schrägstellung des Decks rutschte sein Audi vor einen Deckspoller!

Zu diesem Zeitpunkt ist der Job fast schon getan, der Generator verschwindet immer mehr im Laderaum.

Das Hubportal kann aber nicht nur »hoch hinaus«, es geht auch »ganz tief unten«. Im Kraftwerk Moorburg bei Hamburg musste der Generator ausgetauscht werden. Nun war aber, nachdem der Generator vor Jahren eingebaut worden war, über die Zufahrt eine Trägerbrücke für großvolumige Rohre gezogen worden. Niemand hatte an die Höhe der Generatoren gedacht, das rächte sich jetzt! Der Generator passte durch, allerdings nur ohne Tieflader. Die Firma Wirzius aus Hilden, die für den Transport zuständig war, brachte wieder ihr Greiner-Hubportal zum Einsatz. Während die Füße der Hubzylinder normalerweise fest stehen, waren hier Rollbahnen ausgelegt auf denen die Zylinderfüße mit anhängender Last fahren konnten.

Auf dem Kraftwerksgelände wurde der Generator vom Tieflader übernommen und bis vor den Engpass gefahren. Der Generator mit Unterbau wurde an die Trägerbalken des Hubportals gehängt. Nach dem Absenken des Tiefladerniveaus konnte der Tieflader herausgefahren werden, er wartete hinter dem Engpass. Durch Absenken der Hubportalzylinder konnten die Hubportal dann samt Last unter der Brücke hindurch gerollt werden. Hier nahm der abgesenkte Tieflader den Generator wieder auf.

Transport und Montage – es geht ein Kran auf Reisen

Ob Turmdrehkran, Autokran oder Raupenkran, alle müssen auf dem Weg zu ihrem Einsatzort mehr oder weniger weit abgerüstet werden. Darum ist jede Standortverlagerung immer mit personalaufwändigen Montagen verbunden.

Die Transport- und Begleitfahrzeuge

Neben dem Kranunterwagen, auf eigener Achse oder auf einem Tieflader unterwegs, müssen auch noch die Ballastplatten, Abstützplatten, die Abstützungen, der Ausleger, die Gittermaststücke und viele andere Ausrüstungsteile mitgeführt werden. Sehr gut kann man auf der Aufliegerladefläche des Nederhoff-SCANIA sehen, was man so braucht. Und da der Kran nicht immer an einer U-Bahn-Haltestelle steht, ist oftmals auch ein kleiner PKW dabei.

Im Gegensatz zu den Semi-Aufliegern haben die Transport-Auflieger für das Zubehör eine durchgehende Ladefläche mit unterschiedlicher Achsenzahl. Je nach Bauweise sind einige Achsen liftbar. Von zum Beispiel sechs Achsen sind bis zu vier drehschemelgelenkt. Sind Gittermaststücke mit entsprechenden Ausmaßen zu transportieren, muss doch ein Schwanenhalstieflader her.

Lässt die Bauart es zu, wird das zu transportierende Teil schon mal selbsttragend eingesetzt. Der Unterwagen eines Demag-Gittermast-Raupenkranes bildet die Verbindung zwischen der fünfachsigen Terberg-Sattelzugmaschine und einem vierachsigen Tiefladermodul. Erst nach aufwendigen Fahrversuchen werden Züge dieser Art für moderate Höchstgeschwindigkeiten (62 km/h) freigegeben.

Der General und sein Adjudant. (Foto Nederhoff)

KRANE

Zusatzwinde und -Ballast. (Foto Goll)

Testfahrten gut verlaufen, Zug im Einsatz. (Foto van Seumeren)

Die Transport- und Begleitfahrzeuge

Krantransport zwischen zwei Tiefladerlaufwerken. (Foto Clever)

Eine Seite des Raupenfahrwerkes auf sechs Achsen! (Foto Nooteboom)

KRANE

Diese Fahrwerke werden vorn und hinten am Turmdrehkranunterwagen angebolzt, so ist er wie ein Anhänger fahrbar. (Foto Liebherr)

Auf ähnliche Weise reist der Ober- mit dem Unterwagen des LR 1600 von Riga-Eisele. Vierachsige Zugmaschine, dreiachsiges Tiefladermodul mit Schwanenhals, Kran, vierachsiges Tiefladermodul.

Um die Anzahl der einzelnen Packstücke zu verringern, ist man bestrebt, deren Größe zu normen. 20fth- und 40fth-Container werden angestrebt. Man versucht, Gittermastteile in Montagereihenfolge ineinander zu schieben, möglichst mit angebauten Abspannstangen und Bolzen. Vorbildhaft ist hier der PTC von van Seumeren. Jedes Bauteil wurde darauf hin untersucht, welche Aufgabe es, abgesehen von der Krantechnik, beim Transport übernehmen kann. So bilden zwei Ballastplatten und ein Gittermaststück einen Transportbehälter mit Containermaßen. Und wenn die Containertransportfahrzeuge in der richtigen Reihenfolge auf der Baustelle ankommen, gibt es keinen Montagestau.

Gewusst wie – Kranmontage

Der Kraneinsatz erfordert jede Menge Vorausplanung. Es hört sich immer so einfach an: Arbeiten an verschiedenen Bauten sollen eben mal durch einen Autokran erledigt werden. Einen 30 Tonnen schweren Träger einzuheben, das kann ja wohl nicht so schwierig sein, ein Klacks!

Das Einheben ist sicher mehr als ein Klacks, der eigentliche Hebevorgang aber vom Zeitaufwand her der kürzeste Takt. Die Aufbauarbeiten und die Vorbereitungen nehmen mehr Zeit in Anspruch. Es ist nämlich egal, ob ein oder zwanzig Träger einzuheben sind – der Kranaufbau ist gleich aufwändig.

Autokraneinsatz ist eine personalaufwändige Sache. Weil es ja immer schnell gehen muss und die Baustelle in den meisten Fällen eng ist, müssen auch bei den kleinen »City-Kranen« genügend einweisende Mitarbeiter vorhanden sein. Vorher muss der Standplatz für den Kran und die voll ausgeschobene Abstützung abgeräumt werden. Beim »City-Kran« ist eine Hilfsmannschaft von acht hilfreichen Händen schnell mit Arbeit versorgt! Dafür hat der Kran nach drei Stunden die Baustelle wieder verlassen.

Gewusst wie – Kranmontage

Bei den größeren Kranen ist eine Bedienungsmannschaft von zehn Mitarbeitern im Einsatz. Es sind einfach zu viele Vorarbeiten zu erledigen, bis der Teleskopmast, bestückt mit umfangreichem »Geweih«, endlich hochgezogen werden kann. Dann hängt aber immer noch keine Ladung am Haken! Das Problem sind die engen innerstädtischen Baustellen.

Der Kran steht dank gewissenhafter Einweiser am vorgesehenen Standort. Nun müssen aber noch vier oder fünf LKW mit Zubehör in die Nähe des Kranes kommen, damit er wachsen kann!

Besonders der Zubehörtransport für Gittermastkrane ist sehr aufwändig. Alle Maststücke müssen einzeln transportiert werden, teleskopieren ist nicht möglich. So kommt Europas größter Autokran, der Gottwald AK 850 der Firma Schmidbauer auf einen Tross von 20 Begleitfahrzeugen! Drei Tage dauert der Aufbau, wenn alle Fahrer mithelfen und ein leistungsfähiger Hilfskran im Einsatz ist.

Das es bis zum Einsatz auch wesentlich länger dauern kann, hat der Job beim »großen Knall« gezeigt. Enger Innenhof, zwei Krane der Superlative – zwei Wochen Aufbau, zwei Wochen Job, zwei Wochen Abbau.

Teleskopkran
Platzverhältnisse am Kranstandplatz prüfen. Abstützungen ausfahren, Abstützplatten auslegen, Kran über die Nivellierautomatik ausrichten. Auf dem Unterwagen abgelegte Ballastplatten an der Ballastplatte des Oberwagens ablegen bzw. einhängen.

Bei diesem Demag AC 500-1 ist der Reiseaufwand schon wesentlich größer. Ballastplatten und zusätzliche Winden müssen transportiert werden. (Foto Steckemetz)

KRANE

Der Auflieger bekommt die neue Iveco-Schwerlastzugmaschine. (Foto Steckemetz)

Gittermastspitze mit veränderbarer Neigung. (Foto Steckemetz)

Teleskopkran mit fester Gittermastspitze
Zusätzlich die am Teleskopmast mitgeführte Spitze einseitig am Rollenkopf verbolzen, nach vorn klappen, sichern.

Teleskopkran mit fester Spitze
Der Liebherr LTM 1100/2 soll auf 76 Meter Hubhöhe aufgerüstet werden. Dazu wird eine doppelt klappbare feste Spitze angesetzt. Auf der Baustelle angekommen, werden nach den üblichen Vorbereitungsarbeiten die Ballastplatten vom Hilfsfahrzeug auf das Kranfahrgestell gepackt, wo sie mit den Hydraulikzylindern der Ballastplatte aufgenommen werden. Das Umladen der Platten übernimmt der halb ausgefahrene Kranausleger. Die feste Spitze ist eine Gittermastkonstruktion mit ausklappbarer Endspitze. Die Winkelstellung der festen Spitze kann nach dem Anbau in kleinen Schritten verändert werden. Zum Anbau wird der Ausleger waagerecht gelegt und die Gittermastspitze mit Hilfe eines Gabelstaplers in die zur Verbolzung notwendige Höhe gebracht. Der Kran ist fertig, der Hub kann beginnen

Oben: Zubehörpaket für Liebherr LTM 1100/2. (Foto Steckemetz)

Teleskopkran mit Wippspitze

Der Teleskopmast wird waagerecht etwas ausgeschoben, um das Adapterstück mit den A-Böcken und dem Anschlussstück für den Ausleger am Rollenkopf montieren zu können. Die Seile für die Bewegungen der Wippspitze werden eingeschert. Durch die Montage der verschiedenen Maststücke erhält der Ausleger die gewünschte Länge. Das Abspannseil stellt die Verbindung zwischen dem ersten A-Bock und Auslegerspitze her. Die Hebezylinder bewegen den Teleskopmast nach oben, gleichzeitig richtet die Hebewinde für die Wippspitze über die A-Böcke den Ausleger auf. Beim Ausfahren des Teleskopmastes verändert sich die Länge des

Rechts: Fertig ist er! Liebherr LTM 1100/2 mit fester Spitze. (Foto Steckemetz)

KRANE

Bei der Errichtung der Antenne im Europa-Park Rust wurde der Liebherr LTM 1800 mit 35 m Hauptausleger und 35 m Wippspitze eingesetzt. (Foto Schmidbauer)

Demag CC2800 in Reisestellung. (Foto Steckemetz)

Wippspitzenseiles. Der Kranfahrer muss feinfühlig nachregeln, um den Winkel des Auslegers anzupassen.

Autokran mit Gittermast und Wippspitze

Das Anlenkstück für den Gittermast verbleibt in vielen Fällen während der Transportfahrt am Kranoberwagen. Am Anlenkstück wird der fertige Gittermast angebolzt. Am Kranoberwagen für Gittermastkrane gibt es so eine Art Hilfskran, vielseitig einsetzbar bei Montage und Betrieb. Das ist der Aufrichtebock. In der Nähe des Fußpunktes des Gittermastes klappbar gelagert. Der Ausleger mit den A-Böcken wird so

Eines der wichtigsten Tross-Fahrzeuge, denn nicht immer hat man festen Grund unter den Rädern! (Foto Steckemetz)

KRANE

Der General (Liebherr LTM 1800), vorletztes Fahrzeug, geht mit großem Gefolge auf Reisen. Vorn der starkmotorisierte Hilfskran als Zugfahrzeug für den vierachsigen Tieflader. (Foto Thum)

montiert wie am Teleskopmast. Der Gittermast liegt samt Ausleger vor dem Kran und muss aufgerichtet werden. Nun tritt der Aufrichtebock in Aktion. Durch die Abspannseile zur Gittermastspitze und erstem A-Bock ist er etwa rechtwinklig zum Gittermast aufgerichtet. Am äußersten Ende dieses Lasthebels verläuft, vielfach eingeschert um die Kraft zu vervielfachen und die Geschwindigkeit zu verringern, das Seil der Aufrichtewinde. Auf den an der Spitze des Auslegers angebrachten Rollen läuft der Ausleger hinter dem sich langsam aufrichtenden Gittermast her. Ist der gewünschte Stellwinkel des Gittermastes erreicht, wird über die A-Böcke der Ausleger ausgerichtet. Reicht der Platz nicht aus, um diese rollende Montage durchführen zu können, muß die »fliegende Wippe« unter Einsatz von Hilfskranen im teilaufgebauten Zustand stattfinden. Ist der Kran mit einem Gegenausleger (Derrick-Ausleger) ausgerüstet, zieht der Aufrichtebock zuerst den Derrick-Ausleger hoch und über diesen dann den Hauptausleger.

Raupenkran mit Gittermast und Wippspitze
Das auf einem Tieflader oder zwischen zwei Tiefladerfahrwerken angelieferte Grundgerät wird entladen. Dazu heben die kraneigenen Stüt-

Gewusst wie – Kranmontage

Noch etwas aufwändiger ist die Reise, wenn der Liebherr LG 1550 als Gittermast mit Wippspitze aufgebaut wird. Hier wird unter Führung des Autokranes eine Brücke im freien Vortrieb über das Bahngelände geschoben. (Foto Schulte)

zen das Grundgerät an, damit der abgesenkte Tieflader weggezogen werden kann. Der Aufrichtebock wird aufgerichtet, er ist von jetzt ab der Montagekran. Er entlädt die Laufwerke und unterstützt den Anbau. Die Platten des Gegengewichtes werden gestapelt und angebaut. Der Hilfskran setzt das Anlenkstück für den Gittermast in Position. Durch Verbindung mit dem zusammengebauten Gittermast kann der Aufstellvorgang beginnen. Das Anlenkstück mit

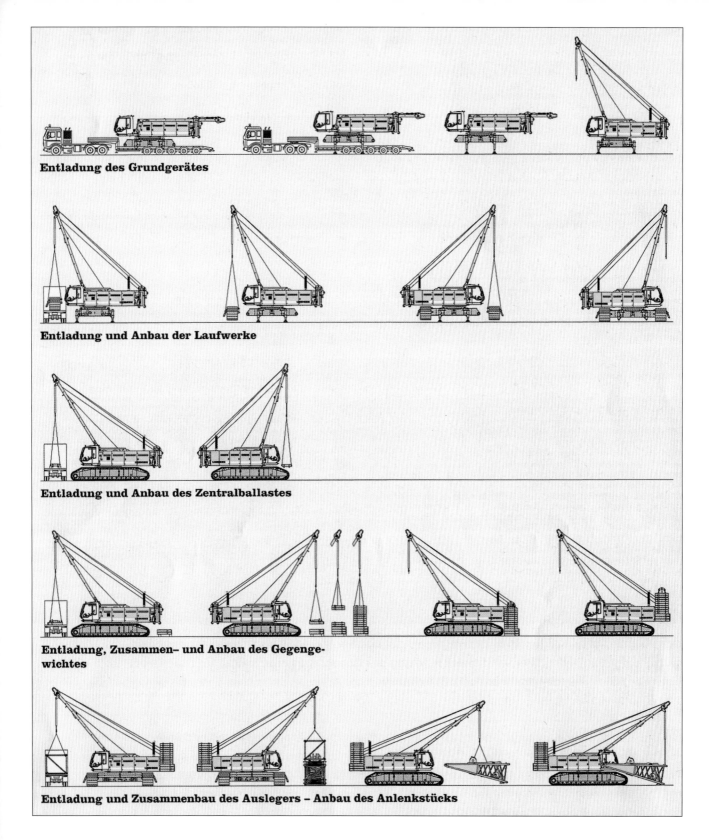

Gewusst wie – Kranmontage

Links und rechts: Selbstmontagesystem (Grafiken Liebherr)

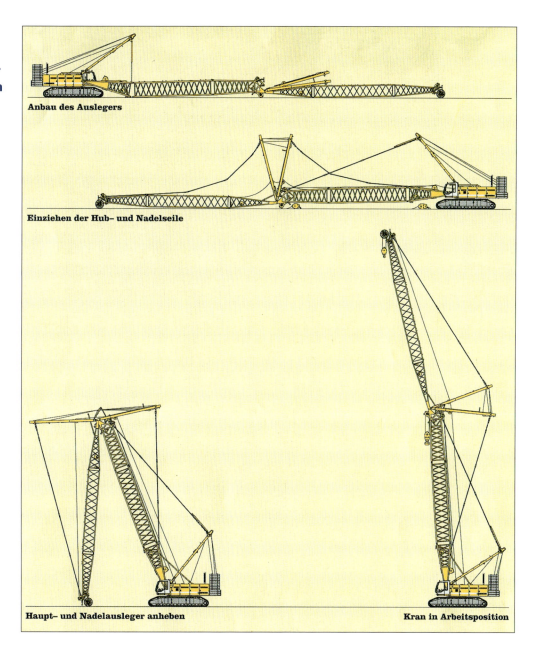

Anbau des Auslegers

Einziehen der Hub- und Nadelseile

Haupt- und Nadelausleger anheben

Kran in Arbeitsposition

den A-Böcken und dem wippbaren Ausleger wird montiert. Nach dem Einziehen der Hub- und Nadelseile können der Haupt- und Nadelausleger angehoben werden, bis der Kran in Arbeitsposition steht.

Der Kran, Liebherr LR 1600, wird auf einem Tiefbett angeliefert. Dann hebt sich der Kran mit bordeigenen Mitteln an, der Tieflader kann herausfahren. (Foto KVN)

Kommt nicht so oft vor: Zusätzliche Abstützungen am Raupenkran. (Foto KVN)

Kraninstandsetzung – wo gehoben wird, fallen Krane

Kraninstandsetzung – wo gehoben wird, fallen Krane.

Inspektionen

Krane sind Geräte, die fast im Dauereinsatz bis an die Grenze der Zulässigkeit beansprucht werden. Kleinste Beschädigungen oder Ansätze von Materialermüdung können unabsehbare Folgen haben. Angescheuerte Hydraulikschläuche, geknickte Rohre, undichte Rohrverbindungen - es gibt eine Menge Fehlerquellen, die den Kran erst einmal aus dem Verkehr ziehen können! Darum sind regelmäßige Untersuchungen durch die eigene Werkstatt oder den Vertragspartner notwendig. Die Untersuchung beim Vertragspartner hat den Vorteil der großen Erfahrung. Wer täglich einen bestimmten Krantyp des Herstellers X repariert, weiß natürlich besser um seine Schwächen, als der Monteur, der nur einen Kran dieses Typs betreut.

Unfallschäden

Weil mit des Geschickes Mächten kein ewiger Bund zu flechten ist, schreitet das Unglück schon mal schnell – der Kran rutscht ab und liegt in der Grube.

Da auf Baustellen der Boden nie so fest ist, wie es scheint, besteht leicht die Gefahr, dass nach dem nächsten Regenschauer die Kante zur Baugrube hin abbricht. Selbst wenn die Stützplatten für die Abstützbeine noch so groß sind – ein solcher Erdrutsch lässt sich nicht bremsen!

Gefährlich wird es, wenn sich, schon schwebend, große Lasten vom Haken lösen. Im Moment

Zur Reparatur muss der Ausschubzylinder nach vorn ausgebaut werden. (Foto Bergerhoff)

**Da liegt er nun, hilflos?
(Foto Bergerhoff)**

**Nein, Hilfe naht!
(Foto Bergerhoff)**

Kraninstandsetzung – wo gehoben wird, fallen Krane

Ab in die Klinik. (Foto Bergerhoff)

Unten: Gottwald AK 450 – so sieht er aus, wenn er im entscheidenden Moment die Last verliert! (Foto Steckemetz)

KRANE

des angefangenen Hubes wird eine sehr große Spannung aufgebaut. Wenn dieser Spannungsaufbau durch die herabfallende Last plötzlich unterbrochen wird, sind gewaltige Kräfte frei, die den Kran nach hinten überschlagen lassen. Wenn »hinten« grüne Wiese ist, bleibt es vielleicht bei einer Rolle rückwärts. Befindet sich aber hinter dem Kran eine Baugrube, tief und groß (wie alles in Berlin), dann hilft nur noch der Schneidbrenner – so passiert im Juni 2002 mit dem Gottwald AK 450 in Berlin, Baustelle Lehrter Bahnhof.

Krantuning
Bei den PKW ist es längst üblich, bei den LKW fast ebenso lange an der Tagesordnung: Was nicht in den Bandablauf passt, geht nicht. Besser gesagt: Es ging nicht. Recht bald hat es sich auch bei den »geht nicht«-Verfechtern herumgesprochen, dass man mit der Erfüllung von Sonderwünschen Geld verdienen kann! Wenn nicht im eigenen Hause, so doch bei kleinen Firmen im Konzern oder Fremdfirmen, die sich auf Nischen spezialisiert haben. So hatte DaimlerChrysler für die PKW AMG, für die LKW NAW in der Schweiz. Bei der MAN baut in verstärktem Maße ÖAF in Österreich, alles, was das sprichwörtliche »Fahrerhaus auf der Hinterachse« hat. Ähnlich sieht es bei den Kranen aus.

Betriebe, die zuerst »nur« Reparaturen durchführten, waren schnell in der Lage, Generalüberholungen von Großkranen durchzuführen und kapitale Unfallschäden zu beseitigen. Und wenn dann einer solchen Firma ein kluger Kopf vorstand, ein Tüftler mit Ideen, ohne die Verbin-

Der König, Gottwald AK 850, hier noch in voller Größe, allerdings übergewichtig! (Foto Schmidbauer)

Kraninstandsetzung – wo gehoben wird, fallen Krane

Der abgespeckte König. (Foto Schmidbauer)

dung zur Realität verloren zu haben, dann waren die Kranhersteller froh, jemanden für die Erfüllung der Kundensonderwünsche gefunden zu haben!

Bestes Beispiel ist die Firma AKS in Bad Friedrichshall. Hier werden Krane generalüberholt. Selbstverständlich werden auch Krane nach Unfallschäden nicht nur frisch gestrichen, sie sind oftmals besser als neu, weil viel vorhandenes Know-how bei der Instandsetzung einfließt. Und wenn ein Kranhersteller anruft, weil ein ganz spezieller Kunde einen ganz spe-

ziellen Wunsch hat, dann hat man hier ein offenes Ohr.

Der Gottwald AK 850 der Firma Schmidbauer, Europas größter Autokran, Baujahr 1982, weilte zu einer Generalüberholung bei AKS. Nun haben Autokrane, Wohnanhänger und ich eines gemeinsam: Wir werden mit den Jahren immer schwerer! So auch der AK 850. Um die Achslasten einhalten zu können und behördlichen Schikanen aus dem Wege gehen zu können, musste der Kran abspecken: Der Oberwagen wurde geteilt. Das sogenannte Maschinenstück

KRANE

Das abgespeckte Teil. Maschinenstück und Aufrichtebock. (Foto Schmidbauer)

Hier wird das abgespeckte Stück beim Kranbetrieb angebolzt. (Foto Schulte)

und der Aufrichtebock wurden separat auf einem sechsachsigen Sattelauflieger transportiert und am Einsatzort mit dem restlichen Oberwagen verbunden.

Neubauten

Die Großkrane benötigen zum Aufbau einen Hilfskran. Nun haben die auf dem Markt befindlichen Mobilkrane den Nachteil, dass sie nicht dafür gebaut wurden, Autobahnkilometer abzuspulen. Die Fertighauskrane auf LKW-Fahrgestellen waren aber nicht in der Lage, einen vierachsigen Tieflader mit Kranteilen zu ziehen. Das war einer der Knackpunkte: Der Kran sollte sich auch als Zugfahrzeug nützlich machen.

So hatte Herr Schmidbauer (da gibt es immer tolle Besonderheiten!) in seinen Träumen einen ganz bestimmten Kran vor Augen. Kein Mobilkran, kein Fertighauskran von der Stange, auf jeden Fall ein LKW-Fahrgestell mit entsprechender Anhängelast. In Verbindung mit DB, AKS und Liebherr wurde der Wunschkran projektiert. DB lieferte ein bei NAW in der Schweiz nach Kundenwunsch aufbereitetes 4648 6x6-Fahrgestell in 8x6-Ausführung mit SK-Fahrer-

Kraninstandsetzung – wo gehoben wird, fallen Krane

Das ist das »Traumschiff«, gebaut nach Chef's Wünschen. Hochmotorisiert, flott unterwegs, leistungsfähiger Kran. (Foto Schmidbauer)

haus und luftgefederter 5. Achse. Liebherr lieferte einen modifizierten LTF 1070.

Nun fehlte »nur« noch die Verbindung zwischen Kran und Fahrgestell. Jetzt kam die große Stunde der Firma AKS, der Tüftler mit den realitätsbezogenen Ideen.

Die Krankräfte mussten auf das Fahrgestell übertragen werden. Gleichzeitig war für die notwendige Abstützung wenig Platz. Hinten quer wurde pro Seite ein doppelt ausschiebbarer Querbalken gewählt. Vorne strebte man die gleiche Lösung an, allerdings musste der zweite Ausschub pro Seite klappbar ausgeführt werden. Doch auch das gelang; das »Traumschiff« hat sich sowohl als Zugfahrzeug als auch als Kran sehr gut bewährt.

Rechts: Hintere Abstützung. Unten die Schwerlast-Anhängerkupplung für den Tieflader. (Foto Schmidbauer)

KRANE

Glossar – was ist was?

A-Bock: Umlenkhebel für die Steuerung des Nadelauslegers.

Abspannung: Wesentliche Hublasterhöhung durch Stabilisierung des Teleskopmastes in Längs- und Querrichtung. Siehe auch Y-Abspannung und SSL-Abspannung.

Anlenkstück: Fußteil für Hauptmast oder Nadelausleger zur Verbindung mit Oberwagen bzw. Hauptmast.

Antriebsrad: Übertragungsteil im Antrieb der Raupenfahrwerke

Aufrichtebock: »Hilfskran« zur Aufstellung des Derrick-Auslegers und des Hauptmastes.

Ausleger: In Gittermastkonstruktion geschweißte Kranmastteile. Auch Laufkatzenbahn des Turmdrehkrans.

Ballast/Ballastierung: Gegengewicht zur am Haken hängenden Last.

Biegebalken: Turmdrehkranoberwagen ohne Turmspitze und Abspannung zur Erzielung geringer Kranhöhe.

Bodenplatten: Unterlegplatten für die Abstützfüße eines Kranes. Verteilung des Bodendruckes auf eine größere Fläche und damit Druckverringerung to/m².

Boogie: Zusatzfahrwerk, ein- oder zweiachsig. Das Boogie wird z. B. an einen Turmdrehkran angeflanscht und macht ihn fahrbar.

Derrick-Ausleger: Stabilisierungselement für den Hauptausleger.

Drehkranz: Drehbare Verbindung und Lastübertragung zwischen Ober- und Unterwagen. In die Außenverzahnung des Drehkranzes greift der Stellmotor für die Oberwagendrehung ein.

Drehungsfreie Seile: Durch den Aufbau der Seile wird die anhängende Last pendelfrei bewegt.

Dualzug: Wird beim Einsatz von entsprechend ausgestatteten Bergefahrzeugen ausgeführt. Während ein Zug den Havaristen gradlinig zieht, hebt ein zweiter Zug über den Teleskopmast den Havaristen gleichzeitig an.

Einklettern: Turmdrehkrane werden durch den Klettervorgang in der Höhe erweitert. Einklettern ist das Nachschieben der einzelnen Mastschüsse.

Einscheren: Auflegen eines Seiles vom Festpunkt am Rollenkopf über die Rollen der Hakenflasche über die Rollen des Rollenkopfes bis zum Festpunkt an der Seiltrommel.

Flaschenzugprinzip: Rollenzug. Arbeitserleichterung durch Seilführung über viele Rollenpaare. Kraftverstärkung, aber Wegverlängerung. Kraft = Last : Rollenzahl.

Fundamentkreuz: Fußteil des Turmdrehkranes. Verschiedene Ausführungen

Geführte Last: Begriff aus der Seiltechnik. Eine geführte Last ist z. B. ein Aufzugskorb. Ebenfalls eine geführte Last für das Verstellseil ist der Nadelausleger

Gegenausleger: Beim Turmdrehkran das hintere Teil des Oberwagens, trägt Ballast und Winden.

Getriebemotor: Kompakte Einheit, bestehend aus Elektromotor und hoch untersetztem Getriebe.

Gittermast: Im Gegensatz zum Teleskopmast. Hat lediglich tragende Funktion. Längenveränderung durch Einsetzen von Maststücken.

Hakenflasche: Beweglicher Umlenkpunkt im Flaschenzug eines Kranes. In der Hakenflasche ist der Lasthaken dreh- und kippbar gelagert.

Hakenhöhe: Maß von Boden zum Kranhaken bei ausgefahrenem Teleskop- bzw. Gittermast.

Hebelgesetz: Die Grundlage der Ballastierung. Last x Lastarm = Kraft x Kraftarm.

Hubportal: Kranersatz für besondere Einsätze. Kann zum Umladen Lasten anheben und seitlich verschieben Schreitzylinder. Das Hubportal wird oftmals in Verbindung mit Verschiebebahnen eingesetzt.

Hydropneumatische Federung: Ein geschlossener Balg ist mit Luft oder Gas gefüllt. Da beide Medien komprimiert werden können, übernehmen sie die Federung. Grundsätzliche Veränderungen des Fahrzeugstatus (Höhe, Neigung usw.) übernimmt die Hydraulik.

Klappspitze: Variation der festen Spitze, seitlich abklappbar.

Kletterkran: Erweiterung der Kranhöhe bei Turmdrehkranen durch das Einklettern von Mastschüssen.

Kragarm: Überhängender Teil eines Kranarmes oder eines Brückenvortriebsstückes.

Kranführeraufzug: Eine Kabine, die an einer außen am Turmdrehkran angebrachten Zahnstange nach oben fährt.

Kranturm: Hauptmast beim Turmdrehkran.

Laufkatze: Die Laufkatze ist der verschiebbare Umlenkpunkt für das Lastseil beim Turmdrehkran.

Laufrollen: Teile im Raupenfahrwerk. Sie übertragen das Krangewicht auf die Kette Raupenfahrwerk.

Laufrollenrahmen: Mit dem Laufrollenrahmen wird das Raupenfahrwerk am Kranunterwagen befestigt Raupenfahrwerk.

Lebus-Rillung: Führung auf der Seilrolle. Siehe Kapitel »Seile«.

Leitrad: Das Leitrad für die Raupenkette. Es hat keine Antriebsfunktion Raupenfahrwerk.

KRANE

Mastschuss: Teil des Turmdrehkranes. Verlängerungsstück beim Kletterkran

Maststücke: Verlängerungsteile für Gittermaste.

Metertonnen-Formel: Aussage über die Tragfähigkeit eines Turmdrehkranes. 100 mto = 100 to Tragfähigkeit bei 1 m Ausladung.

Nackenseil: Verstellt den Nadelausleger oder Gittermast-Hauptausleger.

Nadelausleger: Form des Spitzenauslegers, siehe auch Wippspitze

Niveauregulierung: Verstellung des Status eines Kranes durch Computer gesteuerte Abstützzylinder.

Nivellierautomatic: Der aufgestellte Kran mit ausgefahrenen Abstützungen wird automatisch waagerecht gestellt.

Obendreher: Der Kranmast steht starr. Der Oberwagen dreht sich auf dem feststehenden Kranmast.

Oberwagen: Das drehende Teil eines Kranes

PTC: Platform Twin Ring Containeraized Crane (Doppelmastkran, auf einem Ring aufgebaut, Container verladbar)

Quick-Connection: Schnell lösbare Verbindung zwischen Ober- und Unterwagen.

RC: Radio-Controlled = funkferngesteuert

Raupenfahrwerk: Anstelle des Fahrwerkes mit vielen Einzelrädern bringt das Raupenfahrwerk die Straße mit. Wie eine Zahnradbahn fährt das Laufwerk auf der Raupenkette = unendliche Straße.

Rillung: Profilierung der Seiltrommel zur gesteuerten Aufnahme des Seiles.

Rollenkopf: Umlenkung des Lastseiles von der Oberseite des Auslegers auf die Unterseite.

Rutschplatte: Auf der Sattelkupplung aufliegende Platte an der Unterseite des Aufliegers. Wird bei aufgesattelten Kranen wie Rosenkranz und Gottwald AK 850 verwendet.

Rückfallsicherung: Verhinderung des Rückfalls des Hauptmastes oder der A-Böcke durch Windeinfluß. Bei Gittermastauslegern, die nur durch ihr eigenes Gewicht oder die anhängende Last im Nackenseil hängen, ist der Aufstellwinkel des Auslegers von größter Wichtigkeit. Je mehr der Ausleger in Richtung Senkrechte gezogen wird, umso indifferenter wird sein Status. Zur Stabilisierung des Auslegers dienen zwei Hydraulikzylinder zwischen Ausleger und Oberwagen.

Schottelantrieb: Sorgt bei Spezialschiffen für besonders große Wendigkeit. Der Antriebspropeller ist im frei drehbaren Ruderblatt gelagert. Gesteuert wird nicht nur durch das Ruderblatt, sondern hauptsächlich durch den Wasserstrom des Propellers.

Schraubspindel: Mit Kurbel versehene Gewindestange zur Abstützung von kleinen Kranen.

Schreithydraulikzylinder: Auch Klemm-Löse-Zylinder genannt. Der Zylinder läuft der zu bewegenden Last nach. Im Ausgangszustand ist der Zylinder fest mit Last und Rollbahn verbunden. Der Zylinder fährt aus und schiebt die Last vor sich her. Am Ende des Ausfahrweges wird die Last festgeklemmt und die Klemmung des Zylinderfußes gelöst. Die Kolbenstange des Zylinders fährt ein, der Zylinderfuß hat einen neuen Ankerpunkt und klemmt an.

Seilkern: Mitte des Seiles, siehe auch Kapitel »Krantechnik/Seil«.

Spitzenausleger: Auch Nadelausleger genannt, siehe auch Wippspitze.

SSL-Abspannung: Demag-Bezeichnung für senkrechte und waagerechte Teleskopmastabspannung (seitlicher Superlift)

Superlift: Abspannung zur senkrechten Stabilisierung des Teleskopmastes.

Teleskopmast: Mehrfach ausschiebbarer Kranmast.

Turmspitze: Oberstes Teil des Turmdrehkranes. Dient zur Abspannung von Ausleger und Gegenausleger.

Umlenkpunkt: Seilscheibe, an der Kraft und Bewegung umgelenkt wird. Ein Seil kommt von unten, wird um die Rolle geführt und geht wieder nach unten: Fester Umlenkpunkt, Seilrolle unter der Hallendecke. Ein Seilende ist unter der Hallendecke befestigt, das andere Ende wird über die Seilscheibe einer Hakenflasche geführt und nach oben gezogen, siehe auch Flaschenzugprinzip.

Umscherung: Bei Turmdrehkranen übliche Veränderung des Kraft-/Geschwindigkeitsverhältnisses. Durch Schaffung eines zusätzlichen Umlenkpunktes wird bei geringerer Geschwindigkeit die Hubkraft erhöht. Siehe auch Flaschenzugprinzip.

Untendreher: Turmdrehkranbauart, der Kranturm dreht sich mit.

Unterwagen: Bauteil des Autokranes

Verschiebebahnen: Roll- oder Rutschbahnen, auf denen Lasten ohne Fahrzeuge aus Gewichts- oder Abmessungsgründen verschoben werden. Dabei befinden sich die Auflagepunkte der Rutschbahnen vor und hinter z. B. einer Brücke, die dadurch nicht belastet wird. Auf den mit Teflonplatten belegten Bahnen kann das Ladegut dann ohne Transportfahrzeuge bewegt werden.

Windfreistellung: Sicherheitsschaltung bei Turmdrehkranen. Durch Lösen der Antriebsverbindung Getriebemotor/Drehkranz kann sich der Kran wie eine Windfahne immer in Windrichtung drehen, so bietet er die geringste Windangriffsfläche.

Wippspitze: Beweglich gelagerter Teil im »Geweih« des Teleskop- oder Gittermastkranes.

Y-Abspannung: Liebherr-Bezeichnung. Kombination aus senkrechter und waagerechter Teleskopmastabspannung in Y-Form. siehe auch Abspannung und SSL-Abspannung.

KRANE

Danke – sag dankeschön ...

Für dieses Buch habe ich gar nicht so viele »Dankeschön« in meiner Tasche, wie ich eigentlich verteilen müßte!
Natürlich gibt es immer PR-Chefs, die nach zweimaligem Brief die Angelegenheit an ihre Sekretärin weiter geben, die dann immer wieder gebeten werden will. Diese Paarungen waren diesmal in der Minderheit.
Fast ausnahmslos waren die Angesprochenen positiv gestimmt und das erbetene Material kam postwendend.
Auch die Zusammenarbeit mit den Fotografen klappte sehr gut. Wenn die Forderungen für einzelne Fotos zu hoch wurden, half oftmals ein Fahrer oder der Kranlieferant aus.

Ich bedanke mich ganz herzlich bei:

Firma AKS Autokran Service GmbH,
Otto-Hahn-Str. 6, 74177 Bad Friedrichshall

Firma Barthel & Sohn GmbH, Tauch- u. Bergungsunternehmen, Ruhrorter Str. 122,
45478 Mülheim/Ruhr

Firma Victor Baumann GmbH & Co. KG,
Siemenacker 12, 53332 Bornheim

Firma Franz Bracht Kranvermietung GmbH,
Overhagener Weg 11, 59597 Erwitte

Firma Brandt Krane Schwertranporte GmbH,
Ahornstr. 28–32, 14482 Potsdam

Firma Breuer & Wasel, Krane & Schwertransporte GmbH, Walter-Gropius-Str. 1,
50126 Bergheim

Herr Stefan Bergerhoff,
Solmsstr. 85, 51105 Köln

Herr Bernd Broux,
Bauverein 11, 24790 Schacht-Audorf

Herr Rainer Bublitz, Fotodesign,
Drosselweg 28, 21376 Salzhausen

Firma Bugsier – Reederei- und Bergungsgesellschaft mbH & Co., Postfach 112271,
20422 Hamburg

Firma CargoLifter AG,
Potsdamer Platz 10, 10785 Berlin

Herr Thorge Clever c/o Spedition Kübler,
Schwäbisch-Hall

Firma Compact Truck AG,
Untermüll 11, CH 6302 Zug

Firma GEDA-Dechentreiter GmbH & Co. KG,
86661 Asbach-Bäumenheim

Demag / Firma PREWE,
Torfbruchstr. 1, 40625 Düsseldorf

Firma August Rich. Dietz & Sohn,
Draht- und Hanfseilwerk GmbH & Co. KG,
Postfach 1167, 96456 Neustadt

Donges Stahlbau GmbH,
Postfach 100451, 64204 Darmstadt

Danke – sag dankeschön ...

Firma Tadano Faun GmbH,
Postfach 100264, 91205 Lauf/Pegnitz

Firma Faymonville AG,
Schwarzenbach 312 A, B – 4760 Büllingen

Firma Max Goll Internationale Schwerlastspedition und Kranengineering GmbH,
Am Trippelsberg 105, 40589 Düsseldorf

Herrn Markus Husemann,
Zaunweg 14, 63303 Dreieich

Firma Jandt Kranvermietung GmbH,
Ackerstr. 31, 33649 Bielefeld

KRAN-Magazin, Jens & Manuela Buschmeyer,
Hauptstr. 27, 67823 Unkenbach

Firma Krösche-Kran Service GmbH,
Carl-Hampe-Str. 3, 37603 Holzminden

Firma KVN Autokrane GmbH & Co. KG,
Gesmolder Str. 52, 49084 Osnabrück

Firma Liebher-Werk Nenzing GmbH,
Postfach 10, A – 6710 Nenzing

Firma Liebherr-Werk Biberach GmbH,
88396 Biberach an der Riß

Firma Liebherr-Werk Ehingen GmbH,
Postfach 1361, 89582 Ehingen

Firma Mammoet van Seumeren worldwide,
P. O. Box 570, NL 3100 AN Schiedam

Firma MAN Wolffkran GmbH,
Austr. 72, 74076 Heilbronn

Firma MAN Nutzfahrzeuge AG,
80995 München

Firma Matusch, EPOS-Softwareentwicklung,
Wassergasse 11, 96450 Coburg

Firma Nederhoff B. V., Kranarbeiten & Schwertransporte, Burg. van Reenensingel 121,
NL – 2803 PA Gouda

Firma H.J. Nolte, Auto-Krane,
Schachtebeckweg 4, 30165 Hannover

Firma Odysys Softwareentwicklung GmbH,
Steinheimer Str. 9, 74321 Bietigheim-Bissingen

Firma PAT GmbH, Softwareentwicklung,
Hertzstr. 32 – 34, 76275 Ettlingen

Firma Potain GmbH,
Nordendstr. 79 – 87, 64546 Mörfelden-Walldorf

Firma Riga-Eisele GmbH,
Liebigstr. 13 – 15, 55120 Mainz

Firma Scheuermann-Baumaschinen
(Blitzlift-Krane) Werksvertretungen GmbH,
Rudolf-Diesel-Str. 44, 64331 Weiterstadt

Firma Schmidbauer KG,
Seeholzenstr. 1, 82166 Gräfelfing

Firma Scholpp Kran & Transport GmbH,
Postfach 610235, 70309 Stuttgart

KRANE

Herr Hermann Schulte,
Zum Frühling 9, 55444 Seibersbach

Firma Sennebogen Maschinenfabrik GmbH,
Hebbelstr. 30, 94315 Straubing

Firma Spierings Kranen BV,
Merwedestraat 15, NL–5347 KZ Oss

Herr Frank Steckemetz,
Handjerystr. 25, 12489 Berlin

Firma Adolf Stoppel GmbH & Co.,
Telegrafenweg 21, 13599 Berlin

Firma Thömen Spedition GmbH & Co. KG,
Stenzelring 26, 21107 Hamburg

Firma Ulferts & Wittrock GmbH & Co.,
Fuldastr. 23, 26135 Oldenburg

Herr Ralf Willi Wilhelm,
Ölergässle 1, 79227 Schallstadt

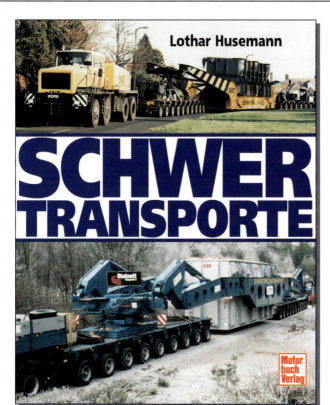

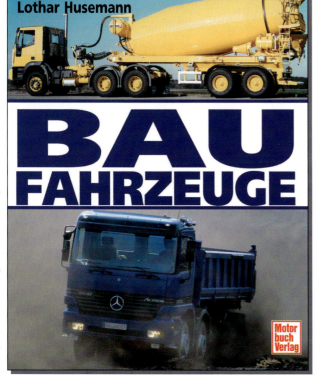

Immer in Bewegung
mit Lothar Husemann

Schwertransporte
Aufmarsch der schweren Jungs – vom 100-Tonnen-Schwertransport über Plattformwagen bis zur Chemiekolonne. Alles über Geschichte und Technik der Brummis.
208 Seiten, 271 Bilder, davon 234 in Farbe, 45 Zeichn. **Best.-Nr. 01987 € 22,–**

Baufahrzeuge
Keiner mag sie so richtig, doch ohne diese Erdferkel ginge im Bau nichts voran. Dieses Buch berichtet über Geschichte und Funktion, Technik und Einsatz.
208 Seiten, 235 Bilder, davon 225 in Farbe, 67 Zeichn. **Best.-Nr. 02057 € 26,–**

Erdbewegungs-Maschinen
Lothar Husemann hat sich bei den Tief- und Straßenbauern umgesehen. Über das, was er erlebte, gibt er in diesem Technik-Report präzise und sachkundig Auskunft.
224 Seiten, 257 Bilder, davon 247 in Farbe, 30 Zeichn. **Best.-Nr. 02166 € 26,–**

IHR VERLAG FÜR AUTO-BÜCHER

Postfach 10 37 43 · 70032 Stuttgart
Tel. (07 11) 210 80 65 · Fax (07 11) 210 80 70

Lust an der Last
und jede Menge Informationen

Klaus Holl
Die MAN und ihre Marken
Heutzutage gehören die Lastwagen von MAN zum Alltagsbild auf unseren Straßen, der Fernverkehr wäre ohne sie nicht zu bewältigen. Autor Klaus Holl präsentiert hier die Frontlenker und Haubenschnauzer, die Kleinlastwagen und Omnibusse der Maschinenfabrik Augsburg-Nürnberg und der ihr angeschlossenen Marken.
128 Seiten, 200 Farbbilder
Bestell-Nr. 87209 € 26,–

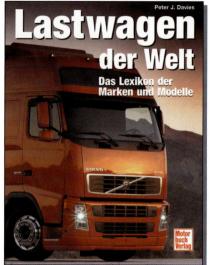

Peter J. Davies
Lastwagen der Welt
Auf den Straßen der Welt sind Frontlenker und Haubenschnauzer unterwegs, Zwei- und Viertakter, Diesel- und Elektromotoren, Schwergewichte mit zwei, vier, sechs und noch mehr Achsen. Wie sie alle heißen, woher sie kommen und wann sie auf die Räder gestellt wurden, zeigt jetzt diese internationale Lastwagen-Revue.
256 Seiten, 600 Farbbilder
Bestell-Nr. 02257 € 24,90

Halwart Schrader
Deutsche Lastwagenklassiker
Sie transportierten das Wirtschaftswunder, schrieben Nutzfahrzeug-Geschichte. 15 prominente Hersteller, von Borgward und Büssing bis Opel und Vomag, stellen sich hier vor. Eine Rückschau auf die große Zeit der Lastwagen, gespickt mit tollen Bildern und neuen Fakten zu Baureihen und technischen Besonderheiten.
192 Seiten, 250 Bilder, davon 134 in Farbe
Bestell-Nr. 01802 € 36,–

Wolfgang H. Gebhardt
Deutsche Omnibusse
Deutschland hat eine überaus reiche Busgeschichte – in diesem Buch ist sie eingefangen. 1994 erstmals erschienen, porträtiert Wolfgang H. Gebhardt in dieser erweiterten und mit rund 200 zusätzlichen Bildern angereicherten und lange erwarteten Neuauflage Großserienfabrikate ebenso wie Prototypen, die niemals in Serie gingen.
686 Seiten, 970 Bilder
Bestell-Nr. 02140 € 50,–

John Carroll
Traktoren der Welt
John Carroll stellt die Traktoren der Welt von A wie Allis-Chalmers und D wie Deutz über L wie Lanz bis Z wie Zetor vor. Der brillant illustrierte Bildband verschafft einen Überblick über Marken und Geschichte der wichtigsten Hersteller aus Europa, Australien und den USA. So entstand ein sauber recherchiertes Nachschlagewerk, das endlich Ordnung schafft!
256 Seiten, 613 Bilder, davon 603 in Farbe
Bestell-Nr. 02164 € 26,–

Achim Gaier
Nutzfahrzeuge in der DDR Band 2
Auch der zweite Band beschäftigt sich mit Lastwagen, Treckern und Omnibussen aus der ehemaligen DDR. Die ideologisch eingefärbten Textpassagen wurden dabei ebenso übernommen wie das Layout.
200 Seiten, 361 Bilder
Bestell-Nr. 87210 € 16,–

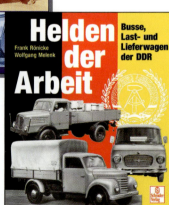

Frank Rönicke/Wolfgang Melenk
Helden der Arbeit
Diese Dokumentation widmet sich den Firmen Framo und Barkas, Phänomen und Robur und den anderen Herstellern im real existierenden Sozialismus. Abgerundet von technischen Daten, überzeugt die Darstellung durch sachliche Kompetenz.
192 Seiten, 270 Bilder, davon 110 in Farbe
Bestell-Nr. 87226 € 26,–

IHRE VERLAGE FÜR AUTO-BÜCHER
Postfach 10 37 43 · 70032 Stuttgart
Tel. (07 11) 2 10 80 65 · Fax (07 11) 2 10 80 70

Stand September 2002
Änderungen in Preis und Lieferfähigkeit vorbehalten